CW00450048

LES TROUILLARDS
DE LA RÉPUBLIQUE

Ces politiques qui font semblant de gouverner

Michel Richard

LES TROUILLARDS
DE LA RÉPUBLIQUE

Ces politiques qui font semblant de gouverner

Éditions Balland

33, rue Saint-André-des-Arts
75006 Paris

Des hommes sans caractère

D'emblée, ne chipotons pas sur les compliments : nos hommes politiques sont assurément de bonne facture. Convenablement éduqués, convenablement instruits, convenablement structurés, merci pour eux. Pas de gros délires à redouter, ni d'énormes lacunes. Il ne manquerait plus que ça, d'ailleurs, qu'il en soit autrement : la plupart des princes qui nous gouvernent ou aspirent à le faire sont passés par le top de notre système éducatif, l'Agreg, Normale, l'X ou l'Ena, ce qui se fait de mieux...

Venus d'horizons beaucoup plus divers, les hommes politiques étrangers, on en conviendra, peuvent difficilement se prévaloir d'aussi flatteuses références. L'élitisme du diplôme n'est pas, ailleurs, le premier des sésames pour accéder au pinacle politique. C'est, à nos yeux, une incongruité. Tant et si bien que pas un nouveau venu n'émerge sur la scène politique internationale sans que nous le regardions avec hauteur, sinon ironie. La presse française, en l'occurence toute fiérote, commence par voir en lui un petit chose sans envergure, ni culture, ni pointure. Les exemples sont innombrables de cette condescendance dont les journaux ont usé à leur égard, comme pour mieux flatter la qualité typiquement française de nos dirigeants.

Ah, évidemment, Ronald Reagan n'était pas sorti de Sciences Po section service public, mais de Hollywood section films de série B. Il ne pouvait être que risible et ses bourdes, d'ailleurs bien réelles, faisaient s'esclaffer nos esprits raffinés. George W. Bush n'a pas échappé à notre examen de passage et l'on se raconte encore cet interrogatoire télévisé où il fut bien obligé d'avouer qu'il n'avait pas la moindre idée de l'endroit où pouvait bien se trouver l'Ouzbekistan, à moins qu'il s'agisse du Burkina-Fasso ou de la Slovénie. Inculte ! Tous des incultes. Helmut Kohl n'eut pas droit à un traitement vraiment meilleur : le chancelier, décidément, avait un esprit aussi étriqué que son corps était corpulent. Un gros balourd, voilà ce qu'il était, redoutable politicien, certes, mais rien de ces hommes d'État, visionnaires et si possible charismatiques, que nos grands hommes à nous aiment avoir comme homologues. Tour à tour, Margareth Thatcher, José Maria Aznar, Gehrard Schröder et on en passe furent ainsi flétris : rien, dans ce gibier, qui atteigne à notre standard national haut de gamme. Le niveau intellectuel de nos dirigeants, voilà, qu'on se le dise, une autre exception française. Prière d'applaudir...

On applaudirait plus fort encore si l'on était sûr que la supériorité de nos politiques élevés au grain de nos meilleures fermes d'élevage profitait, très prosaïquement, à la France. Si l'on était sûr que leur compétence, leur savoir, la finesse de leur esprit, sans quoi ne va pas la lucidité de leur jugement, les faisaient gouverner mieux, à la hauteur de leurs talents. Si l'on était sûr que leurs esprits éclairés les disposaient à un pouvoir du même nom.

Hélas, on n'en est pas sûr. Hélas, on a même le soupçon que nos dirigeants se sont peut-être forgés l'esprit, mais gâtés le tempérament.

Intelligents, ils le sont, sans nul doute. Aucun d'eux, par exemple, n'ignore les trois ou quatre grands maux – il n'y en a guère davantage – qui plombent la France : le système fiscal, les retraites, un État que son poids et ses bandelettes statutaires engluent dans l'impotence, une Éducation qui peine à apprendre à lire, écrire et compter à tous. Or, à ces maux-là, ils se gardent bien de toucher ou, s'ils y touchent, c'est pour arrêter d'y toucher à la première criaillerie. Des décennies que ces contrariants problèmes sont mis sous le tapis, tandis que José Maria Aznar, ce « petit moustachu » à la maigre prestance, dès son premier mandat, baisse les impôts, crée 1,8 million d'emplois, réduit le déficit public et fait entrer l'Espagne dans l'euro sans bavures. En moins de temps encore, Gehrard Schröder boucle un nouveau système de retraites et met sur rail une grande réforme fiscale – non sans mal ni risque politique, mais il le fait. Et voilà deux ans déjà que l'Italie, oui, l'Italie réputée pagailleuse, a unifié les retraites du public et du privé, allongé la durée des cotisations, changé le système d'indexation. Tout cela même dont nous ne faisons que parler.

Seraient-ils donc trop intelligents, nos hommes à nous ? Et si leur grosse tête, pétrie d'universités ou de grandes écoles, mais jamais, remarquons-le, d'une réelle expérience de vie professionnelle « normale », celle qui se collète à la concurrence et à la sanction, les empêchait d'exercer le pouvoir ? Et si

leur esprit était trop sophistiqué pour être opéra-
tionnel? Et si la vision complexe qu'ils ont d'une
réalité en effet complexe dissolvait leur volonté de
l'amender?

Faudrait-il donc être bête comme Reagan pour
imposer deux ou trois idées simples à son pays,
pour son plus grand profit? Obtuse comme Margareth Thatcher pour accoucher au forceps d'une
société décadenassée, stoppant ainsi l'inquiétant
déclin britannique? Balourd comme Kohl pour,
sans trembler, forcer la main de la réunification
allemande en 1989?

Il paraît que Jacques Chirac, pour analyser tel
revers électoral, ne déteste pas mettre en cause, en
privé, l'absence de «couilles» de ceux qui en sont
à la fois les coupables et les victimes. En avoir
ou pas... Explication grivoise bien à sa manière,
certes. Mais, posée en d'autres termes, la question
ne manque pas de pertinence. Nos excellents politiques, tous plus ou moins doués pour la conquête
du pouvoir, seraient, à l'heure de l'exercer, frappés
d'une étrange maladie. Une maladie de langueur,
un état qui dissout la volonté, le courage, la conviction, ces qualités brandies haut et fort le temps
d'une campagne électorale, entendez publicitaire
sinon mensongère. Une maladie qui les paralyse,

les inhibe au point de vider de son sens le système représentatif : n'étant pas élus, tout de même, sur leur seule bonne mine, mais sur un semblant de projet ou de prometteuses promesses, ils les oublient tout aussitôt. Pas de leur faute, diront-ils : à vouloir faire ce que l'on a dit, le risque est grand, n'est-ce-pas, de soulever des oppositions de nature à tuer la réforme (et ses initiateurs avec). Alors, parce que gouverner est présumé impossible, on fera semblant de gouverner, on invoquera l'indispensable concertation, l'utile dialogue, le nécessaire consensus – toutes choses éminemment estimables, mais autant d'alibis, finalement, au renoncement ou au dilatoire.

La faute au peuple ! L'aura-t-on entendue cette excuse ! Car voilà : les pauvres chats ont à gouverner un pays, lequel, dommage pour eux, est habité par un peuple. Et le peuple, figurez-vous, est ce qu'il est : aimant plus les révoltes que les réformes, et n'acceptant parmi les réformes que celles qui ne se font pas.

Quelques rares audacieux auraient payé cher cette culture nationale. Pensez à Édouard Balladur quand il voudra instaurer en 1994 un CIP (contrat d'insertion professionnelle) pour favoriser l'emploi des jeunes. Une flambée de manifestations de lycéens et d'étudiants l'incite bien vite à rengainer son projet.

Pensez à Juppé, parti fleur au fusil réformer en 1995 la SNCF et les régimes spéciaux de retraites des fonctionnaires. En un rien de temps, il se heurte non seulement aux agents de l'État dont les avantages sont mis en cause mais aussi à tous ceux qui financent et pâtissent de ces avantages. Tous solidaires : allez y comprendre quelque chose ! Grandes grêves. L'État est prié d'aller mettre ailleurs ses grosses pattes. Impossible de toucher au statu quo, fut-il jugé exorbitant. Juppé cale. Comme calera plus tard Lionel Jospin quand son ministre de l'Économie s'essaie à réformer une administration fiscale dont tout le monde s'accorde à trouver le fonctionnement abracadabrantesque. Même chez lui, l'État n'est qu'un patron de carton-pâte.

Évidemment, tout cela douche les éventuelles bonnes volontés réformatrices. Évidemment, l'idéal serait de changer de peuple. Ah, troquer ce peuple rebelle, turbulent, incohérent, individualiste pour une poignée de citoyens helvètes... Le rêve...

Sauf que les Français ne sont pas ce qu'ils sont par hasard. S'ils sont rebelles, turbulents, incohérents, individualistes, ce n'est pas seulement par une sorte d'atavisme historique qui les condamnerait à revivre, de génération en génération, le remake de petites et grandes révolutions. C'est aussi qu'ils ont pour le pouvoir d'aujourd'hui le respect que ce pouvoir leur inspire. C'est aussi qu'ils voient le pouvoir tel qu'il est – faible, apeuré – et les gouvernants tels qu'ils sont, pâlichons, prêts à céder au moindre soubresaut, à soigner par l'argent public la plus petite fièvre catégorielle, à se carapater au premier mauvais indice sondagier, à déserter sitôt un manifestant dans la rue. Le pouvoir, depuis des décennies, délivre ainsi une efficace leçon d'éducation incivique : qu'il ne s'étonne pas de l'indiscipline nationale ! Le comble est qu'il s'abrite derrière elle, tout en la nourissant aux engrais, pour justifier ses propres renoncements. Pauvre et piètre pouvoir, à l'image de ces parents, si soucieux de satisfaire en tout leurs enfants, si avides de s'attacher leur amour, qu'ils leur cèderaient tout et s'étonneraient d'en avoir fait des gamins odieux.

Du reste, croit-on qu'ailleurs les réformes se fassent dans l'allégresse et que les peuples autres que français aiment à être bousculés ? Sait-on qu'au moment même où Balladur s'inclinait devant les jeunes, une grève générale paralysait l'Espagne et 500 000 personnes défilaient dans les rues du pays ? Le socialiste Felipe Gonzalez – un dictateur probablement – n'en maintenait pas moins son CIP à l'espagnole (bien moins favorable que son homologue français), sa réforme du marché du travail, du droit de licenciement et l'instauration d'un service minimum obligatoire dans les transports publics. Il en allait de la compétitivité de l'Espagne, de sa croissance, de son emploi. Ce que Gonzalez appelait «l'intérêt national», dont sa légitimité parlementaire le rendait comptable.

«Intérêt national», «légitimité», «comptable», de bien grands mots qui ne sont chez nous qu'effets de tribune tant la volonté est défaillante et l'obstination impensable. Et vous voudriez que le peuple respecte ces courageux qui fuient? Qu'il renonce à maltraiter ces puissants qui n'ont de l'autorité que les galons? Qu'il se plie aux velléités de ces tigres de papier?

Le peuple est intraitable avec le pouvoir quand le pouvoir, issu de lui, a peur de lui. Comme le chien s'impose à son maître quand son maître a peur d'en être un.

Pas une entreprise ne résisterait à l'inertie de ce faux pouvoir là. Son sur-place lui serait mortel. Le monde bouge, les politiques clament qu'il faut bouger, comme ces chœurs d'opéra qui piétinent en chantant «Marchons, marchons».

Ils disent aussi que bouger – réformer – est difficile. Sans doute. Très difficile, même. Mais après tout, prétendre à ce boulot est facultatif. Et ce boulot, c'est de gouverner, pas de gérer ; d'innover, quitte à bousculer, pas de plaire, ni de suivre la pente facile d'une coalition d'intérêts privés ou corporatifs ; de tirer vers le haut, pas de se caler à l'étiage du plus petit dénominateur commun public.

Il y faut de l'intelligence, évidemment, mais les gens intelligents ne manquent pas. La compétence n'est pas superflue, certes, mais les experts courent les rues, tandis que de hauts fonctionnaires en nombre sont là pour administrer. La politique, sa spécificité et ce qui devrait être sa grandeur, c'est bien autre chose : un zeste d'ampleur de vues et beaucoup de courage. Ou de tempérament, comme on voudra. Précisément ce dont semblent génétiquement dépourvus nos politiques contemporains. Des petits hommes gris qui ont la peur pour compagne, laquelle est despotique, comme on va le voir...

La peur de la rue
ou le complexe d'illégitimité

« L'État ne saurait renoncer à ce qui est sa prérogative fondamentale : le monopole du pouvoir de contrainte, l'usage légitime de la force face à la violence illégitime. » Ah que voilà une phrase simple et de bon goût, qui dit comme il le faut que le rôle de l'État est de faire respecter l'état de droit, sans quoi il n'est pas de liberté ni de sécurité.

Cette phrase, c'est Lionel Jospin qui l'a prononcée [1]. Mais elle aurait pu être dite, elle a d'ailleurs été dite à quelques mots près, par mille Premiers ministres, ou ministres de l'Intérieur, ou ministres de n'importe quoi avant lui. C'est que ce type de phrase semble faire partie du kit à la disposition de

---

1. Le 28.09.2001 aux journées parlementaires du PS à Nantes.

tout homme public quand, confronté à du bazar, il lui faut faire semblant d'être colère, intraitable, homme d'État, quoi.

Cette phrase-mouvement de menton a un autre immense avantage, celui de coller merveilleusement à toute une série de situations qui n'ont rien à voir : un attentat corse, un saccage paysan, un barrage routier, un blocus d'usine, des troubles urbains... Qu'il soit bien entendu, à chaque fois, que les fauteurs de troubles, ou les auteurs d'attentats, ou les assassins (rayez la mention inutile) seront comme il se doit poursuivis sans relâche par la police et punis sans faiblesse par la justice.

Yvan Colonna ne finit pas d'en rire. Depuis février 1998, l'assassin présumé du préfet Erignac entame sa quatrième année de vie clandestine à la barbe des forces dites de l'ordre républicain, brigades de gendarmerie, SRPJ et autres escouades anti-terroristes, le tout sur une île qui compte un policier pour 223 habitants – un record.

Les groupuscules indépendantistes peuvent avoir la même confiance dans la police de leur pays : dûment armés d'un arsenal de guerre, ils multiplient mitraillages de gendarmeries et plasticages de bâtiments publics à un rythme tel que le pouvoir n'entonne plus sa phrase-fétiche qu'épisodiquement. On se lasse de tout, n'est-ce pas... Il peut ainsi se produire huit attentats en une seule semaine (celle du 15 octobre 2001, par exemple) sans que cette routine arrache le moindre mot au ministre de l'Intérieur (en l'occurrence Daniel Vaillant), ni ne le dissuade de «poursuivre le dialogue» avec des interlocuteurs qui ne sont coupables, après tout, les gros coquins, que de le narguer à coup d'explosifs. À croire qu'il est plus facile de partir désarmer les troupes de l'UCK en Macédoine que les clandestins en Corse...

On dira, bien sûr, que des intérêts supérieurs justifient cette autorité en peau de lapin ; qu'un statut corse mijote sur le feu et qu'aucune «provocation policière» – entendons par là la lutte contre des mœurs terroristes, affairistes ou mafieuses – ne doit le compromettre. Un objectif ambitieux, en somme, expliquerait et justifierait cette désinvolture passagère vis-à-vis des innombrables atteintes, la plupart impunies, à l'ordre public. Naturellement, on a du mal à y croire.

Accordons à Jospin de vouloir mettre de la transparence dans ses négociations avec les élus corses. Une démarche inédite en effet, quand ses prédécesseurs goûtaient davantage les compromissions nocturnes avec des clans de cagoulés, plastiqueurs, racketteurs et autres mafieux insulaires. Mais une démarche viciée par un péché originel : c'est aux

conditions des nationalistes que le pouvoir négocie, lesquels veulent bien étudier un statut corse
mais sans que la renonciation à la violence soit
d'aucune manière un préalable. Accordons-leur, à
eux, de ne pas avoir menti. Négociateurs à Paris,
mais solidaires en Corse des assassins. Insupportables petits maîtres en byzantinisme, qui condam-
nent le meurtre du préfet Erignac, mais pas les
hommes qui l'ont tué. Et l'État, bonne fille, s'en
accommode.

Comme il s'accommode peu ou prou des tri-
cheries, trafics, fraudes en tous genres qui font le
quotidien de l'île, ce département exotique où l'on
compte le plus fort taux de voitures de sport et le
plus grand nombre de pensions d'invalidité.

Comme il s'accommode, sans doute aussi, du
dynamitage, en octobre 1999, de la ferme d'agriculteurs bretons dont le péché était d'être « allo-
gènes », c'est-à-dire de sang non corse. Ils croyaient,
les insensés, que l'on avait le droit, en France, de
traverser les limites départementales sans passeport
ni test génétique. Ils croyaient, les fous, que l'État
« avait le monopole du pouvoir de contrainte ». On
avait oublié de leur dire que des bandes terroristes
minoritaires imposaient leur loi sur leur territoire,
et leur terreur à l'État. Lequel ne trouve à leur
opposer que de mâles paroles (« Nous ramènerons

à la raison les auteurs de l'attentat », assurait, dans une autre phrase toute faite, Jospin après le double attentat d'Ajaccio et ses huit blessés, en novembre 1999) et les grotesques conflits qui opposent sur place ses différents services de police.

La loi, ici, n'a pas le dernier mot. Tout juste a-t-elle son mot à dire.

L'exception corse ? Oui, assurément. Mais n'allez pas croire qu'ailleurs, dans des contrées plus paisibles, et dans de tous autres contextes, l'État soit beaucoup plus ferme. N'allez pas croire que toujours et en tout lieu le Code pénal s'applique également à tous. L'État – c'est comme ça – a ses têtes, ses chouchous et ses petites faiblesses.

Il arrive ainsi qu'à l'occasion de conflits sociaux, auxquels il peut d'ailleurs être totalement étranger, il ait à affronter la violence, les coups, la destruction. Affronter, c'est façon de parler. Car il arrive que cette violence le laisse impavide. Imaginons, par exemple, des marins-pêcheurs qui mettraient le feu au Parlement de Bretagne, des commandos qui saccageraient une usine, des routiers qui brûleraient des camions, ce genre de choses... L'État, dans ces circonstances, est le plus souvent plein d'abnégation, en ce sens qu'il renonce à son premier devoir régalien d'empêcher la violence et de maintenir l'ordre public. Il a, pour la violence, quand elle est collective et présumée à fins sociales, la tolérance bougonne des faux bons et des vrais lâches. Il fait comme si de rien n'était. Il voit les dégâts, mais pas ceux qui les causent. Il s'afflige, mais n'inflige rien à personne. Il est comme ça, l'État. À moins, même, qu'il aille jusqu'à flatter les malheureux qu'un juste courroux aura portés à ces fâcheuses extrémités. À moins – faut-il qu'il soit généreux, et tolérant, et proche du peuple – qu'il aille jusqu'à «comprendre» les raisons de l'incendie, du saccage ou du blocus. Il les comprend à ce point, l'État, qu'il laisse tranquilles leurs instigateurs. Tant pis pour les victimes et dommages collatéraux. Tant pis pour la loi. L'État, seul détenteur de la force légitime, manque à son devoir d'état.

Un beau jour d'août 1999, l'excellent José Bové s'attaque au Mc Do de Millau, symbole bien connu de la mondialisation sauvage, de l'impérialisme américain, du malheur paysan français et de la malbouffe. Il ne s'en doutait pas, le Mc Do de Millau, qu'il portait ainsi tous ces péchés du monde, lesquels méritaient bien une expédition punitive en règle. De fait, le satanique Mc Do fut mis à sac consciencieusement. José Bové et ses amis, tout fiérots, et pour dire à quel point leur saccage était juste, l'appelèrent du nom délicieux de «démontage». Charmante trouvaille qui fit fortune au point de s'imposer dans les innombrables commentaires et articles de presse qui s'ensuivirent.

Une bavure policière, hélas, vint assombrir cette scène champêtre. Des gendarmes, sûrement bien intentionnés et pensant que telle était leur mission, crurent bon d'arrêter un si joyeux coupable, qui ne se déroba d'ailleurs ni à leurs menottes, ni aux caméras venues en nombre. Plus embêtant encore, un juge, saisi de l'affaire, ne consentit à sa mise en liberté que contre le paiement d'une caution. Et José Bové, on s'en doute, refusait de la payer. On n'est pas provocateur par hasard!

Rarement prisonnier eût pareil comité de soutien. Jusqu'au ministre de l'Intérieur, Jean-Pierre Chevènement, qui comprenait ses motivations et Dieu sait pourtant que cet homme se mettait en fureur à la moindre incivilité du moindre sauvageon, c'est dire qu'il n'était pas du genre à transiger avec l'ordre... Jusqu'au ministre de l'Agriculture, Jean Glavany, qui réclamait sa sortie de geôle. Tout juste si le gouvernement ne s'est pas cotisé pour payer son tribut à la Justice. Preuve que la politique de réinsertion des délinquants n'est pas un vain mot.

La comédie ayant cessé, José Bové fut plus tard, et sous les flashes, condamné à trois mois de prison ferme – un jugement dont il fit appel.

Il n'y eût, soyons clair, ni mort, ni blessés dans cette affaire. Simplement des dégâts matériels, un commerce (car chaque Mc Do en est un) détruit, empêché d'exercer une activité qui, pour l'heure du moins, n'a pas été déclarée illégale, son personnel privé de travail, sans parler du droit de propriété bafoué et de la liberté individuelle entravée. Des broutilles, probablement. Car, figurez-vous, José Bové attire la sympathie. Il ressemble à Astérix. Tout le monde a envie d'être l'ami d'Astérix, non ? Jacques Chirac, en tout cas, oui. Au Salon de l'Agriculture qui a suivi, le président de la République, garant de l'État de droit, a tenu à faire un détour pour s'entretenir longuement avec un tel héros. Et Lionel Jospin, Premier ministre, n'a pas attendu longtemps avant de l'inviter à dîner.

La drague des troupes bovistes valait bien, sans doute, cette double génuflexion officielle.

Ce n'était qu'un début.

Car le mouvement anti-mondialisation montait en graine et il n'était pas franchement raisonnable de négliger un pareil sergent-recruteur électoral. Si bien que commencèrent, dans la plus parfaite impunité, les saccages de parcelles de maïs transgénique. La Drôme, le Gard, le Gers... virent ainsi débouler des collectifs anti-OGM, associant la Confédération paysanne du pimpant José Bové, ATTAC, les Verts, Sud-PTT (!), d'autres sans doute. Ici, c'était une parcelle (moins de cent mètres carrés) plantée pour le compte du groupe Monsanto qui y passait ; là une autre où se menait un essai visant à trouver un remède contre la mucovicidose ; d'autres encore, ailleurs, sur lesquelles travaillaient des chercheurs.

Il faut dire que chacun de ces essais d'OGM avait reçu un agrément officiel du ministère de l'Agriculture. Il faut dire que ces arrachages, destructions et autres dégradations de plants étaient passibles de deux ans de prison et 30 490 euros (200 000 francs) d'amendes. Il faut dire enfin que la plupart des opérations commando étaient connues à l'avance du public et des pouvoirs publics.

Et de fait, les gendarmes étaient là, goguenards, amusés, patelins. C'étaient les ordres qu'ils avaient reçus. Au mieux, pour s'occuper les mains, ils relevaient les numéros des plaques minéralogiques.

Pourquoi l'État permettait-il ainsi, en toute connaissance de cause, de laisser détruire des cultures plantées le plus officiellement du monde avec son accord ? Il paraît que le préfet de Valence n'avait pas les effectifs suffisants pour s'interposer ;

que les pouvoirs publics ne voulaient pas offrir aux télés l'image de policiers évacuant les militants. Mais « le directeur de cabinet du ministre de l'Agriculture assurait que le gouvernement condamnait ces actions » et même, c'est à n'y pas croire, « le ministère de l'Intérieur et Matignon avaient demandé aux préfets d'éviter ces saccages [2] ». Pas de doute : on est gouverné.

Le héros de cette farce n'a aucune raison d'en douter : c'est tout juste si José Bové, malgré ses mises en examen qui lui sont autant de Légions d'honneur, sait encore où donner de la tête tant chacun de ses happenings lui vaut (ou presque) d'être reçu en grande pompe par nos gouvernants, de Pascal Lamy, le commissaire européen au commerce proche de Jospin, à Jean Glavany, le ministre de l'Agriculture. Preuve, c'est tout nouveau, tout chaud, qu'on vient d'inventer, pour José Bové le paysan, des primes au « démontage » et au saccage comme il en existe à l'arrachage ou au défrichage.

La peur, à quoi s'ajoute cette petite cupidité qu'éveille l'odeur des magots électoraux. La peur de s'interposer, d'intervenir, de sévir. Celle de déplaire. D'apparaître comme un pouvoir à front de

---

2. *Le Figaro* du 29 août 2001.

bœuf, soucieux, la brute, de réprimer la violence et de servir la loi, alors qu'il aime à se voir intelligent, mobile, tolérant, composant, arrangeant, gros malin, petit malin et qu'il finit ainsi par être simplement lâche.

Faut-il vous rappeler les périodiques barrages routiers où des camionneurs paralysent impunément un pays et choisissent, selon leur caprice, en maîtres du monde, qui de vous, ou d'un autre, ou d'un autre encore aura le droit de franchir leurs barrages filtrants ? Faut-il vous rappeler les rituelles colères agricoles où la baisse des cours du choufleur un jour, la concurrence des fraises espagnoles un autre conduisent au sabotage d'un matériel ferroviaire pourtant innocent (printemps 1998) et à de toujours ruineux saccages ? À de rares exceptions près, la police n'a jamais rien fait pour empêcher pareilles actions illégales et fort peu de poursuites ont été engagées. Il faut ne pas être français, sans doute, pour s'en étonner[3]. Il faut être Tony Blair pour s'en prendre à Jospin, en toute fraternité socialiste. Confronté au même conflit de routiers, lui refuse de céder à l'intimidation et au blocus quand son homologue français négocie et achète

---

3. Voir l'éclairant livre de Andrew Jack, *Sur la France*, Éditions Odile Jacob, 1999.

le retour au calme. Lui, et Schröder comme lui, accusent la France, en cédant, de contaminer l'Europe routière. Eux ne se laissent pas dicter leur loi. Pour nous, c'est routine.

Naturellement, les victimes des exactions de ces conflits sociaux sont passées à l'as. Car il y en a en masse, des victimes, il est vrai moins télégéniques qu'un gros furieux sur fond de pneus en flammes. On ne parle pas ici, sauf à tomber dans une franchouillarde indécence, du contribuable, prié sans qu'on le lui demande de régler la note des dégâts. Mais de ces milliers de salariés, de ces entreprises, de ces commerces asphyxiés le temps d'un blocus, d'une grève des trains ou de la remise en état de leur outil de travail. Il y pense, le gouvernement, à ces victimes-là, quand il «comprend» tellement les coléreux qu'il oublie de les empêcher de sévir?
Une semaine d'octobre 2001, des producteurs de viande bovine, furieux qu'une usine de transformation de viande importe du bœuf européen, la saccagent, détruisant les stocks et les machines. Non mais! Comment ne pas «comprendre» d'aussi désespérés défenseurs du bœuf français? Comment songer à les punir? Il faudrait être bien cruel, n'est-ce pas, pour sanctionner le malheur. Les deux cents employés de l'usine dévastée sont au chômage.

Allez! Une petite fable, maintenant, manière de ne pas poursuivre indéfiniment cette déprimante litanie où l'on voit l'État n'en être pas un, et nos politiques renoncer à leur charge. Tous les sept ans, et dorénavant tous les cinq ans (merci le quinquennat), les présidents de la République accordent une amnistie pour les délits mineurs : effacés les petites infractions au Code de la route, les menus resquillages, les stationnements interdits qui, du coup, prolifèrent dans les mois précédant l'élection comme autant de bras d'honneur aux contractuelles, à la loi, à l'État. Qu'est-ce à dire sinon que la loi est prise pour une plaisanterie ? À moins que le premier des Français la tienne pour une contrainte injuste puisqu'il ne voit pas d'inconvénients à en suspendre l'application. À moins encore qu'il ne se soucie que de plaire, plaire à tout prix, au prix de la loi.

Interrogés sur leurs intentions [4], les candidats à l'élection présidentielle de 2002 ont tous protesté qu'ils n'accorderaient pas d'amnistie à toute infraction susceptible de mettre en danger la vie d'autrui. Belle posture d'intransigeance alors que les morts sur la route ponctuent rituellement chaque week-end. Mais pour le reste... Pour le reste, tous suivent

---

4. *Le Monde* du 2 novembre 2001.

la réaction de François Bayrou : «Les P.V. sur le stationnement, honnêtement, je m'en fiche.» Et tous excipent d'une «tradition républicaine» dont ils seraient les fidèles et obéissants servants. Une tradition monarchique, plutôt, mais passons. Pas un instant semble-t-il, notre nouvel élu, quel qu'il soit, se doutera que, par cet extravagant rituel inaugural de son mandat, il dira en quel respect il tient la loi. Allez, avec pareille pédagogie, plaider le civisme! Allez, muni d'un tel laxisme légal, tonner contre ces écarts, petits ou grands, qui empoisonnent la vie sociale et la dissolvent!

De l'assassinat corse au stationnement interdit, c'est, inadmissible ici, démagogique là, le même fil rouge de la mise à mal de la loi. Mais pourquoi? Facilité et complaisance, certes. Mais il y a, dans ce renoncement, plus grave et plus profond. Et c'est ici qu'il nous faut parler du complexe, au sens psychanalytique, qui atteint et détruit le pouvoir, comme le ferait un virus.

Le pouvoir doute de sa propre autorité. Il doute de sa légitimité. Le pouvoir a peur de son pouvoir. Il en doute et le redoute. Il se croit illégitime. Ou, plus précisément, il se croit moins légitime que la rue. Il ne se croit pas fort. Ou, plus exactement, pas fort à proportion de son crédit démocratique. Il a peur. Et, de fait, il est lâche. Il souffre, le pouvoir, et l'on dit le pouvoir pour ne pas circonscrire ce mal au seul gouvernement, d'une génétique déficience démocratique. Il ne croit pas que l'élection l'engage et l'oblige auprès des électeurs, ni que les électeurs légitiment le pouvoir qui lui est dévolu.

La rue, dans le logiciel profond de nos têtes politiques, sera toujours plus forte que les urnes. Cinq mille manifestants l'emporteront toujours sur cinq millions d'électeurs. Vous pouvez avoir été élus, vous pouvez avoir déclaré vos intentions, affiché vos projets, annoncé vos idées de réforme, vous pouvez avoir recueilli l'aval d'une majorité de vos compatriotes, tout cela ne pèsera rien si s'insurge bruyamment telle catégorie sociale ou professionnelle que heurterait dans son statut, ses intérêts ou ses avantages ladite réforme. Peu importe alors le processus démocratique – l'élection, les procédures parlementaires... Le pouvoir se sent foutu quand le peuple – mais quel peuple ? Quelle catégorie de peuple ? Défendant quels intérêts, sinon les seuls siens, qui ne sont pas cet intérêt général dont les élus sont comptables ? – est dans la rue.

Le pouvoir a peur du pouvoir de nuisance. Le

pouvoir politique a peur de la société civile, cette noble appellation qui réhausse des protestations catégorielles au rang d'actes de résistance civile. La société civile, c'est la noblesse du peuple d'en bas, le vrai, l'authentique, contre le pouvoir d'en haut, impie, forcément impie. Tout se passe, en tout cas, comme si les élus se voyaient ainsi : à la merci de la rue quand ils devraient être au service des urnes qui les ont fait, l'espace d'un mandat, ce qu'ils sont. Bonjour l'autorité des politiques ! Qui ont vite fait de reculer. Qui habilleront leur démission du voile flatteur de l'écoute, du dialogue ou de la compassion. Qui diront que le peuple est comme ça et qu'il faut faire avec – fausse excuse démocratique quand leur propre désertion est un vrai déni aux suffrages. Même l'irruption de la violence ne les rappellera pas toujours à leur devoir premier d'assurer la sécurité et la liberté de leurs concitoyens.

Vous vous souvenez de la plaisante initiative prise par la Gendarmerie nationale voilà quelques mois ? Elle avait placé, sur le bord de l'autoroute A 20, des silhouettes grandeur nature représentant un gendarme motocycliste, casque sur la tête. Des leurres, en somme. Ça ressemble à de l'autorité, mais ce n'en est pas. Une autorité en carton-pâte, à 609 euros (4000 francs) pièce, qui gondole à la première pluie et vacille au premier coup de vent. Tout comme celle de nos gouvernants en trompe-l'œil.

La peur de la réforme
ou le syndrome de la « vérité suicidaire »

C'est la dernière plaisanterie à la mode, qu'on
ne s'attendait pas à trouver sous la plume du très
sérieux Olivier Schrameck, le directeur de cabinet
de Lionel Jospin [1]. Pourquoi est-il si difficile de
gouverner? La cohabitation. De réformer? La cohabitation. De mener auprès du pays cette œuvre
pédagogique sans laquelle il ne saurait y avoir de
politique courageuse? La cohabitation. La cohabitation, vous dis-je, qui rendrait le gouvernement
impuissant et votre fille muette.

On ne va certes pas, ici, défendre ce monstre
à deux têtes qui préside à l'exécutif, le mine et

---

1. *Matignon. Rive gauche. 1997-2001*, Le Seuil, 2001.

le ruine jusqu'au ridicule. Et l'on compatit bien volontiers avec Schrameck quand il s'afflige de ce temps, de cette énergie «que consacrent l'Élysée et Matignon, non pas à l'intérêt national tel qu'ils l'entendent – ce qui serait la loi de la démocratie –, mais à sans cesse anticiper, prévenir et combattre les démarches de l'autre bord dont le seul objet est de faire trébucher ou du moins de mettre en difficulté l'équipe adverse». Parole d'expert. Et, à ce petit jeu, aucun camp n'est manchot ni en manque d'experts es-poisons. À l'évidence, ce système de guérilla permanente, de nuisances réciproques, de croche-pattes institutionnalisé est intrinsèquement pervers.

Mais enfin, qu'a-t-il empêché Lionel Jospin de faire ?

À part la réforme du Conseil supérieur de la magistrature, à laquelle Jacques Chirac a mis son veto, on ne voit pas. Pour le reste, il en a fait des réformes, Jospin ! Le Pacs, la parité, la CMU, les emplois-jeunes, les 35 heures... autant de réformes qui ont toutes, vous l'aurez remarqué, un point commun : celui, heureux hasard, d'être agréables au plus grand nombre.

Le Pacs aux couples homosexuels et aux autres qui, n'ayant aucune intention de se marier, ne voient pourtant pas pourquoi ils n'auraient pas les avantages du mariage. Une revendication si populaire que la droite s'en veut encore de ne pas l'avoir d'emblée épousée, qu'elle ne cesse d'instruire son propre procès en ringardise, bat sa coulpe et multiplie les actes de repentance...

La parité était, elle, plaisante aux femmes, même si quelques grincheuses goûtèrent peu cette « affirmative action » (discrimination positive) qui consacrait leur statut de victimes protégées.

La CMU (couverture médicale universelle) était utile aux pauvres, comme l'allocation personnalisée à l'autonomie aux personnes âgées. Qui peut être contre ?

Les emplois-jeunes plaisaient aux 350 000 jeunes qui en ont bénéficié et à leurs parents. Ça fait du monde.

Le nouveau congé de paternité aux futurs pères et à leur petite famille.

Et les 35 heures à tous, heureux de travailler moins tout en faisant une B.A. sociale, créatrice d'emplois.

Alors, bien sûr, sur ces 35 heures destinées à être au gouvernement Jospin ce que la création des congés payés fut au Front populaire, on n'a pas tout dit aux Français. Gâche-t-on une conquête sociale emblématique avec des histoires d'intendance boutiquière? On ne leur a pas dit qu'elles coûteraient, ces 35 heures, 18,3 milliards d'euros (120 milliards de francs) par an à l'État. Pas dit qu'on ne s'était pas douté d'un montant si astronomique – un instant d'inattention, probablement, dû à l'euphorie que provoquent les grandes avancées. Pas dit qu'on les finance un peu n'importe comment, à la petite semaine, une fois en piquant dans les caisses de la Sécurité sociale dont on sait combien elles regorgent d'excédents (ce que le Conseil constitutionnel n'a pas manqué de censurer), une fois en détournant les surplus du Fonds de solidarité vieillesse destinés normalement à financer les retraites, tant pis pour les retraites! Pas dit que cette cavalerie à la gribouille n'en est qu'à ses débuts : c'est que, prévues au départ pour créer de l'emploi dans le seul secteur privé, les 35 heures ont vite été renvendiquées par les fonctionnaires. Va pour la fonction publique, mais, promis-juré, à effectifs constants : pas question d'en profiter pour grossir encore le nombre d'agents publics. Vraiment? Le budget 2002 prévoit la création de 16 000 emplois de fonctionnaires, à quoi s'ajouteront quelque 15 000 titularisations. Quand on aime, n'est-ce pas, on ne compte pas.

Et puis quoi! On ne devient pas impunément le seul pays à pouvoir se flatter d'avoir réduit la durée de travail par une loi s'imposant à tous. De quoi en remontrer à nos voisins, assurément : eux, les pauvres, en sont encore à penser que le volume des emplois doit être plutôt augmenté qu'autoritairement contingenté, et que la durée du travail doit être plutôt allongée que réduite. Des conceptions sans doute rétrogrades mais que partagent malheureusement nos amis – et concurrents – les plus proches.

Mais au diable ces broutilles pour esprits ronchons ! Il reste que Jospin et son équipe peuvent se prévaloir d'un joli paquet de réformes plaisantes. Ce que donc la cohabitation l'aurait fâcheusement empêché de faire, ce sont des réformes désagréables. De fait, on n'en trouve pas trace. À croire qu'en cinq ans de pouvoir, le gouvernement n'a rien trouvé à changer qui le mérite vraiment pour le bien futur de notre pays, fût-ce au prix de quelque immédiate médication douloureuse.

On blague, bien sûr. Car la vérité que tout le monde connaît, c'est que nos petits hommes au pouvoir fuient comme la peste tout ce qui déplaît ou pourrait déplaire. Persuadés qu'à dire la vérité vraie, ils seraient morts. Persuadés qu'agir signerait leur suicide. Et que gouverner vraiment – pas gérer – serait un acte gravement nuisible à leur santé.

Leur faut-il un alibi pour habiller ce refus d'agir? Il est tout trouvé : c'est la « jurisprudence Juppé ». Un cas d'école, en effet, et un vrai épouvantail. Voilà, en 1995, un homme bénéficiant d'une flatteuse réputation et décidé, lui, à s'attaquer à de vrais problèmes « désagréables ». « Ce ne sont pas le corporatisme et l'égoïsme qui vont nous arrêter », déclare-t-il d'une mâle assurance. « Mon calendrier, ce n'est pas les calendes grecques. Il ne s'agit pas de foncer pour reculer à toute vitesse. Mon plan, je le tiendrai. » Son plan? Réformer une Sécurité sociale toujours au bord de la faillite; normaliser les régimes spéciaux de retraite (dont celui des conducteurs de trains, issu du temps de la locomotive à vapeur), particulièrement douillets pour leurs bénéficiaires et ruineux à proportion pour la collectivité; moderniser l'organisation de la SNCF à travers un contrat de plan qui, sans toucher à l'antédiluvien statut des cheminots, visait à mettre un peu de raison dans une entreprise qui va droit dans le mur malgré les 9,15 milliards d'euros (60 milliards de francs) d'aides diverses qu'elle reçoit de l'État. Rien que ça.

On connait la suite. Les grèves, les manifestations, la paralysie du service public au nom de sa défense, les Français condamnés à la marche à pied, dans le froid de cet hiver 1995. Mais des Français solidaires, comme si, en soutenant les bénéficiaires de statuts anachroniques, exorbitants et ruineux pour eux-mêmes, comme si, en jouant donc contre leurs propres intérêts, ils disaient préférer le statu quo et les diktats catégoriels à la réforme, comme si, par leur soutien, ils se prémunissaient d'une réforme à venir qui, cette fois, les concernerait. Allez savoir. Toujours est-il que Juppé ne s'en sortit pas, sinon à reculons.

Une marche arrière typique de la « gouvernance » à la française, cette façon canada dry de gouverner. Aurait-on soudain été pris de doutes sur la nécessité ou la pertinence de la réforme ? Ou plutôt peureux de la défendre, malgré tout, contre tous, tenant pour rien sa légitimité démocratique ? Après ça, quoi qu'il en soit, vous êtes cuits.

Qu'importe ! La jurisprudence Juppé vient opportunément à la rescousse du politique apeuré. Plutôt, donc, être inutile que mort. Plutôt simuler le pouvoir qu'en être la victime. Plutôt le faux-semblant que le risque. Exaltant, non ? Aucun de ces beaux esprits n'a, semble-t-il, tiré de cet épisode traumatique une autre leçon que celle du renoncement salvateur.

Renonçant donc à la réforme, reste à sauver les apparences. À se faire passer pour réformateur, mais attention, un réformateur intelligent, pédagogue, soucieux de convaincre un par un chaque Français du profit futur et durable qu'il retirera du sacrifice immédiat qu'implique la réforme. Concertations, dialogue préalable, explications, négociations... Une méthode assurément épatante qui produira ses plus éclatants résultats dans quelques générations. Nos politiques sont de grands réformateurs devant l'Éternel, tant pis pour leurs contemporains...

Ainsi de la retraite, dont le problème sera réglé, on en est sûr, quand nos arrière-petits enfants en auront l'âge. Voilà une affaire fascinante qui commence... on ne sait plus, tellement on a l'impression qu'on a toujours entendu dire, depuis que chacun de nous a atteint l'âge de raison et de mémoire, que ce problème, inéluctable, devait être pris à temps.

Les retraites (ou plutôt le problème de leur financement) ont en effet cet immense avantage, dont devrait être friand tout gouvernement qu'effraie l'inconnu, d'être mathématiquement prévisibles. La natalité, la durée de vie, les populations par tranches d'âge, vous croisez toutes ces données et vous savez, des années à l'avance, combien d'actifs auront à payer la retraite de combien d'inactifs. Notre système, dit de répartition, veut en effet que les jeunes paient pour les vieux. Encore faut-il qu'il y ait assez de jeunes... ou pas trop de vieux. Voilà le problème : les grosses générations de l'après-guerre arrivent à la retraite, avec une espérance de vie toujours plus longue, tandis que les générations actives sont moins fournies. Quand 4,4 actifs financaient un retraité au début des années 60, il ne s'en trouve plus qu'1,6 aujourd'hui pour le même fardeau. Et moins encore demain. De quoi faire gonfler les cotisations-retraite du malheureux actif – jusqu'à l'insupportable, à moins de baisser le montant des retraites versées –, jusqu'à l'inacceptable.

On sait tout ça de toute éternité. Raison de plus pour tergiverser toujours.

Soyons justes : Premier ministre en 1993, Édouard Balladur réforme bel et bien les retraites pour les adapter à l'évolution démographique : leur montant est limité, les cotisations augmentées et de même le nombre des années nécessaires pour ouvrir droit à une pension complète. «Une réforme à ce jour sans précédent ni suite», se félicite l'ancien Premier ministre[2]. En effet, sauf que cette

---

2. in *Les aventuriers de l'Histoire. Des réformateurs heureux et malheureux*, Plon, 2001.

réforme « désagréable » ne concerne que le secteur privé, et que les anticorps du privé n'ont rien à voir avec les défenses immunitaires à fort pouvoir de nuisance des fonctionnaires et agents publics. Ainsi subsistait, intact, le système le plus avantageux, le plus exorbitant, le plus protecteur de la fonction publique. Les salariés du privé faisaient coup double, si l'on peut dire : ils payaient plus et récoltaient moins pour eux-mêmes, tout en finançant un régime public de retraite par comparaison luxueux. C'est précisément cette inégalité de sorts que voulut réduire Alain Juppé...

Tout frais arrivé à Matignon, Lionel Jospin y alla de sa volonté de s'attaquer au dossier. Il évoqua la création de fonds de pension pour améliorer les retraites du privé, mais, attention, qu'on se rassure, rien à voir avec cette retraite par capitalisation, préconisée par la droite en complément du système par répartition, qui fait voir rouge aux syndicats et à la gauche en ce qu'elle profiterait surtout aux plus favorisés à fort pouvoir d'épargne et menacerait le cœur de notre système de solidarité (et peu importe, au passage, si les agents de l'État bénéficient, eux, depuis longtemps, d'un fonds de pension, le Préfon, dont les cotisations sont entièrement déductibles des impôts).

Mais Jospin n'est pas homme à s'emballer. Une

armoire de rapports ne lui suffit pas à y voir clair. Il en demande un autre, en 1998, à Jean-Michel Charpin, le nouveau commissaire au Plan. Mauvaise pioche : son analyse est alarmiste et pressante. Pas fou, Jospin ne se laisse pas impressionner – s'il fallait décider au vu d'un simple rapport... Il en commande donc un autre à un homme moins fougueux, et sans doute plus optimiste de tempérament, en outre ancien ministre de François Mitterrand, René Teulade. Bingo ! Le ton n'a plus rien à voir. C'est que, n'est-ce pas, la croissance est là, qu'elle crée des emplois et de la richesse et que le poids des retraites dans le PIB en est stabilisé. Matignon respire, vive la croissance et l'on verra plus tard pour les retraites.

« Le Premier ministre, écrit Olivier Schrameck, aurait commis une lourde erreur s'il avait sans délai mis en application les conclusions de ce rapport (le rapport Charpin) sans examen contradictoire, sensibilisation collective et concertation approfondie, qui nécessitaient un cheminement progressif. » Ce jargon fleuri, beau comme l'Antique, tel qu'on le pratique au Conseil d'État signifie en bon français qu'il est urgent de temporiser.

Mais tout en faisant semblant d'agir – ce qui est, répétons-le, l'habileté première en politique contemporaine. Lionel Jospin, donc, installe promptement un « Conseil d'orientation des retraites », ce qui en impose, et crée un Fonds de réserve des retraites, ce qui impressionne. L'idée, avec ce fonds, c'est de mettre petit à petit de l'argent dans une tirelire toute spéciale que l'on cassera à la première difficulté rencontrée par les générations futures.

Quand on dit petit à petit, c'est vraiment petit à petit : l'objectif est que la tirelire contienne 152,75 milliards d'euros (1000 milliards de francs), soit, à peu près, la moitié du budget annuel de la France... en 2020. Ça paraît peu, c'est peu, mais c'est déjà bien difficile. Première guigne, en effet, la tirelire devait être alimentée par les recettes tirées de la vente des licences de téléphonie troisième génération, dites UMTS. Un pactole ! Chaque licence devait rapporter 5 milliards d'euros (32,8 milliards de francs) et il y en avait quatre. Sauf que l'État, trop gourmand, a dû en rabattre et, piteux, diviser par 8, excusez du peu, son prix initial, le ramenant à 61 millions d'euros (quatre milliards de francs). Adieu veau, vache, UMTS et fonds de retraite.

Deuxième guigne, l'autre source d'approvisionnement de la tirelire – les excédents du Fonds de solidarité vieillesse – se dérobe : c'est que, on l'a vu, le gouvernement a les 35 heures sur le feu et qu'il faut bien les financer. On en est du coup à se demander si la privatisation de la société des auto-routes du Sud de la France ne serait pas bienvenue pour apporter quelques espèces sonnantes au fond de la tirelire... Nous voilà rassurés.

D'autant que les retraites, on est prié de ne pas en douter, restent continûment au cœur des préoccupations des esprits éclairés qui nous gouvernent. Si, toutes ces années, on a fait mariner le dossier, c'est pour mieux le faire mûrir. Si l'on n'a rien fait, c'est pour mieux penser à ce qu'on allait faire. Si on l'a remis à plus tard, c'est pour que la réforme soit grande, comme on sait le faire en France.

Et bien, justement, fini de cogiter ! Fin 2001, début 2002 – allez savoir pourquoi à ce moment-là –, le dossier et les esprits se révèlent soudain mûrs. Il faut faire une grande réforme, on va la faire. Pas tout de suite-tout de suite, non : une telle affaire, d'une telle importance, ne se règle pas à quelques mois d'une élection présidentielle. Mais dès son lendemain, c'est sûr, promis-juré. Car figurez-vous, il y a urgence. Elisabeth Guigou le dit qui, trop absorbée par ses fonctions ministérielles, ne s'en était pas aperçue avant. Lionel Jospin le dit aussi, finalement convaincu après cinq ans passés au chevet de la France. Comme quoi, en matière de retraites, on pouvait être tout cool jusqu'au 5 mai 2002, mais pris à la gorge dès le 6 au matin...

Virés. En mars 2000, deux ministres sont priés d'aller exercer ailleurs leur talent. Ils s'étaient mis en tête de réformer leur administration respective, lesquelles, naturellement, avaient regimbé. L'arbitrage est vite rendu : exit les deux fauteurs de troubles. Il faut dire que l'un, Claude Allègre, était trop sanguin et l'autre, Christian Sautter, trop pisse-froid. Deux bonnes raisons, on en conviendra, pour se rendre insupportables et disqualifier des réformes que l'on avait crues être jugées utiles par le gouvernement tout entier, Premier ministre en tête.

Avec le projet Allègre, il s'agissait, si l'on a bien compris — mais vous y comprenez encore quelque chose, vous, dans l'organisation de ce mastodonte régissant la vie de la maternelle à l'université ? — il s'agissait donc de déconcentrer le mouvement des enseignants du second degré et de recentrer les programmes scolaires sur les «fondamentaux» — apprendre moins, mais mieux. Ce que les masses enseignantes dénoncèrent comme une volonté de baisser le niveau et d'instaurer un lycée «light». Allez savoir. Toujours est-il que le bouillant ministre fit tout ce qu'il pût pour se rendre odieux, n'économisant aucune foucade, aucune gaffe, aucune maladresse, jouant la provocation et se faisant ainsi le pire ennemi de lui-même. L'absentéisme congénital des profs, leur formation prise sur leur temps de travail... c'était pour mettre de l'ambiance, sûrement. Il y en eût tellement que Jospin siffla la fin de la récré, effrayé de la défection électorale de troupes si nombreuses et si fidèles au parti socialiste. Allègre retourna à ses études, non sans maugréer contre « la lâcheté de Lionel ».

Quoi qu'il en soit, réforme Allègre ou pas, on n'a pas entendu dire qu'il y ait moins d'illettrés parmi les enfants entrant en sixième...

Avec Sautter, c'est tout autre chose. Un bout de cette fameuse réforme de l'État cent fois annoncée, mais cent fois pour rire. « La réforme de l'État est à l'ordre du jour ? Qu'elle y reste ! », aurait dit un jour Jacques Chirac, prophète en son pays.

C'est que voilà : à vouloir trop faire, l'État fait tout mal. Son périmètre le rend omniprésent, mais impotent. Son poids l'empêche de marcher, ses syndicats tout puissants d'évoluer. Au nom, il va sans dire, de la qualité du service public.

Plus de six millions de fonctionnaires, plus de 102 milliards d'euros (670 milliards de francs) consacrés à leurs traitements et pensions, la moitié de la richesse nationale avalée par l'appareil étatique avant d'en redistribuer une partie : pour-quoi pas tout cela ? Personne ne disconvient qu'il faut un État, ni qu'il faut payer ses agents. Encore faut-il que cet État-providence, obèse, ne se fasse pas rançonner au coin de chaque bois et que lui-même, en flambeur ruiné, ne jette pas sa manne au premier venu, fût-il malvenu – ce que dénoncent pourtant, annuellement, les déprimants rapports de la Cour des Comptes. Encore faut-il que cet État-patron, en piètre chef d'entreprise, ne se laisse pas terroriser par ses propres troupes, peu enclines à la mobilité et arcboutées sur leur statut. Quand ce n'est pas l'État lui-même – le gouvernement du moment – qui en rajoute dans le fatras administra-tif en créant ici une commission, là un organisme ad hoc, au gré des problèmes qui surgissent et dont il est urgent de se défaussser.

On notera ainsi, juste pour distraire, la lumi-neuse trouvaille inaugurée par Alain Juppé Premier ministre et qui a fait fortune : l'observatoire. Son appellation, déjà, le situe à mille lieues de ces rin-gardes commissions dont personne n'ignore plus qu'elles ne sont créées que pour enterrer profond les problèmes. Non, elle évoque la distance, la hauteur de vues. L'observatoire n'a rien à enterrer puisqu'il n'a rien à décider. L'observatoire observe.

Alain Juppé, donc, pour manifester toute l'attention qu'il porte aux femmes (et pas seulement aux juppettes), crée un Observatoire de la parité hommes-femmes, chargé de remettre un rapport tous les deux ans sur un sujet dont on sait tout. Les bonnes idées étant contagieuses, Philippe Douste-Blazy, alors ministre de la Culture, y va de son Observatoire de la langue française, parce que, figurez-vous, ni la Délégation générale de la langue française, ni le Conseil supérieur de la langue française ne suffisaient à défendre une cause si menacée. Ces libéraux, tous prompts à prôner un État mince et fort, n'en restent pas là. À peine apprend-il par un rapport que la France est championne dans la surconsommation des psychotropes que l'excellent Hervé Gaymard, secrétaire d'État à la Santé, crée à son tour un Observatoire national de la prescription visant à diligenter les études « nécessaires à une meilleure connaissance de la consommation et de l'utilisation des médicaments ». En gros, du pipeau.

On ne s'étonnera pas qu'une si inutile coutume ait eu de l'avenir. Mandatés par Lionel Jospin pour étudier les chiffres de la délinquance, deux parlementaires remettaient leur rapport en janvier 2002. Il en ressortait l'urgence de créer un Observatoire de la délinquance, un établissement public placé sous la tutelle des ministères de l'Intérieur, de la Défense, de la Justice et des Finances – c'est dire que l'affaire était sérieuse. Observer la délinquance, quelle belle idée! La mesurer avec minutie, la quantifier avec précision, voilà qui s'impose : car la délinquance – tout le monde le sait – est chez nous un phénomène si fugace, si insaisissable qu'on a besoin, pour l'appréhender, d'instruments raffinés, comme le chercheur en mécanique quantique à la poursuite de particules élémentaires. Les chiffres officiels en vigueur, révélant que les vols, viols, agressions, actes de vandalisme et autres violences avaient augmenté de 7,69 % en 2001 par rapport à une année 2000 elle-même en augmentation de 5,72 % par rapport à 1999, ces chiffres-là assurément, sont trop grossiers pour être honnêtes. Un bon Observatoire, et la délinquance n'aura qu'à bien se tenir !

Tout cela, qui fait quelques heureux (les membres des Observatoires), ajoute à la Tour de Babel administrative et charge la barque, n'est certes qu'anecdotique. Faut-il parler – c'est déjà plus sérieux – de ce ministère de l'Agriculture qui, il y a trente ans, gérait 3 millions d'agriculteurs avec 30 000 fonctionnaires mais en a besoin de 40 000 aujourd'hui alors que leurs «clients» sont moins d'un million ? Après tout, il n'a fallu attendre que 60 ans après la guerre pour s'aviser de fondre le ministère des anciens combattants dans celui de la Défense. Faut-il parler de Bercy, cette citadelle des Finances de 380 000 agents, la reine des administrations, chargée de la bonne gestion des finances de la nation ?

C'est là qu'intervient Christian Sautter, prenant la suite d'un Dominique Strauss-Kahn que quelques menues affaires obligent à démissionner. Bercy, c'est Kafka. Rien ne le fait bouger : vous pouvez le priver du soin de fixer les prix de toutes choses, baguette de pain comprise (il y a belle lurette), vous pouvez déréglementer, vous pouvez privatiser à tout va, autant dire soustraire à sa gestion un bon paquet de grosses entreprises, vous pouvez faire tout ça sans que l'administration des Finances y voit la moindre raison de perdre son embonpoint.

L'irruption de l'informatique, dont on devine qu'elle a dû alléger la tâche de quelques fonctionnaires, est passée sur elle comme l'eau sur les plumes d'un canard. Enfin, pas tout à fait, car elle s'est débrouillée, cette prestigieuse administration des Finances, pour faire vivre en son sein plusieurs systèmes informatiques, incompatibles entre eux de préférence. C'est qu'il existe, dans ce monde-là, une sourde rivalité entre deux directions, celle qui gère l'assiette et le contrôle des impôts (DGI), 80 000 agents, et celle chargée de la comptabilité publique, 60 000 agents. Une structure aujourd'hui aberrante – le particulier connaît ça par cœur, et plus encore le chef d'entreprise, qui ne savent à quel guichet se vouer – qui est ruineuse en doubles emplois, lourdeurs et coûts parfaitement inutiles.

Mettre un peu de rationnalité, penser, pour une fois, aux contribuables de bonne volonté, c'était l'objectif du gouvernement. Les choses, là, avaient été bien faites. La réforme était précautionneuse, n'entraînant bien entendu aucun dégât social, longuement préparée par des travaux d'experts avec force concertation, dialogues préalables et schémas prévisionnels. Du cousu main. Tout ce qu'aiment Olivier Schrameck et son patron.

Encore raté! Les syndicats de Bercy, dans un réflexe pavlovien, s'érigèrent vite fait en gardiens d'un temple immuable. Et, sans concertation préalable ni schémas prévisionnels, eux, menacèrent de bloquer la collecte des déclarations de revenus. De toucher, au fond, l'État à son porte-monnaie, dans une sorte de putsch fiscal.

« On ne cède jamais au chantage, jamais », disait Pierre Mendès-France. Ses héritiers et admirateurs, oui. Toujours. L'administration fiscale restera donc lourde et chère, sa productivité piteuse (deux fois moindre que celle de son homologue espagnole[3]), le coût de recouvrement des impôts prohibitif, le service rendu aux contribuables mauvais. Sautter, décidément trop psychorigide, sera démissionné : il n'a pas expliqué les choses assez longuement aux agents, ni à leurs syndicats, dixit notre expert en lâcheté sociale, vice-Premier ministre de la France, Olivier Schrameck, par ailleurs excellent homme.

Non seulement la peur de tenir bon, mais, n'ayant pas tenu bon, la contrition, celle de la bigote qui s'en veut de n'avoir pas supplié assez. Jamais un mot, bien sûr, contre les prêtres réfractaires à tout changement. Ce sont eux qui ont le pouvoir et le pouvoir a bien trop peur de le leur disputer. Ce sont eux qui portent le saint-chrème du service public et brandissent son atteinte comme bannière de leur résistance. Il ne reste plus qu'à s'agenouiller, ce qu'a su très bien faire le pouvoir, le tout petit pouvoir.

Même motif, même punition. L'attachement à un service public qui serait toujours menacé sert rituellement de motif à tous les jours de grève et

---

3. Sociétal, n°34, 4ᵉ trimestre 2001. « Réforme de Bercy : récit et leçons d'un échec. »

arrêts de travail de la SNCF. Mais on peut être tranquille : le service public du rail est bien gardé. 85 094 journées de travail perdues en 2000 et 142 000 pour les dix premiers mois de l'année 2001 sont ainsi venues à sa rescousse.

Seuls les esprits qui ne réfléchissent pas verront une étrangeté dans cette méthode qui consiste à défendre le service public en le mettant si régulièrement à mal. Faut-il qu'ils soient affligés de courte vue, pour ne pas comprendre que tant de grèves sont faites, in fine, pour leur bien ? Le gouvernement, lui, comprend ça au quart de tour. Rien ne le dissuade d'en faire beaucoup pour ces vaillantes ailes marchantes du service public à la française : un statut et un régime de retraite plus intéressants encore que ceux des fonctionnaires ; des créations d'emplois (6500 en trois ans) ; des salaires augmentés de 1,2 % ; 1,5 milliard versé au titre de la RTT ; 10,3 milliards d'euros (67,5 milliards de francs) pour que ça roule, sans parler d'un abyssal endettement. Et quand un méchant – en l'occurrence Louis Gallois, le président de la SNCF – essaie de modifier les structures de l'entreprise pour améliorer les services rendus à ses clients, le gouvernement le prie bien vite d'avaler son chapeau.

C'était le cas, tenez, en avril 2001. En cette

veille de vacances de Pâques, 360 000 Français envisageaient de prendre le train. Magnifique gibier que des syndicats minoritaires n'ont pas laissé passer. Armés de leur déprimante culture du conflit, quelques bataillons de roulants imposèrent leur loi à la majorité des cheminots, leur dictature aux usagers-contribuables-bienfaiteurs, leur chantage à l'État-patron. Au nom du service public qu'il ne faut pas confondre, s'il vous plait, avec le service du public.

Cette lâcheté d'État, tous azimuts, a un prix. On ne parle pas ici des 15 millions d'euros (un milliard de francs) perdus lors de cette grève. Non plus des milliards dépensés en pure perte dans des administrations surdimensionnées qui se shootent à la ligne budgétaire sans avoir une productivité – un mot indécent, on en convient – simplement normale. Mais on parle de ce que pourrait faire l'État si sa gestion était bonne, et qu'il ne fait pas alors que ce serait son devoir de le faire.

On parle des hôpitaux publics, scandaleusement démunis en IRM (193 en France, 380 en Espagne, plus de 1000 en Allemagne). Manque d'argent. Mais de l'argent, simple exemple, on en a pour continuer de rembourser, à hauteur de 1,27 milliard d'euros, soit 8,3 milliards de francs, les 835 médicaments pourtant jugés à «service médical rendu insuffisant» par un groupe d'experts après deux ans d'études sur 4490 médicaments. On parle des pénuries en personnel soignant. Voyez comme l'on s'avise soudainement d'un manque criant d'infirmières, au point de vouloir en embaucher 45 000 tout de go. L'hôpital, pourtant suradministré [4], devait probablement être distrait, ou en panne de schémas prévisionnels. Les malades, eux, attendront quelques années avant que les écoles d'infirmières accouchent de leurs promotions.

On parle encore de la police qui fait comme elle peut avec ce qu'elle a – des moyens matériels vieillots et des personnels insuffisants. On voit avec quel résultat. Les budgets de fonctionnement de la police et de la gendarmerie représentent 9,15 milliards d'euros (60 milliards de francs) quand les 35 heures coûteront entre 10,67 et 15,24 milliards d'euros (70 à 100 milliards de francs). C'est un choix. Les 106,7 millions d'euros (700 millions de francs) de rallonge inscrits dans la loi de finances rectificative 2001 par Daniel Vaillant au profit de la police équivalent, ni plus ni moins, à ce que la

---

4. La seule Assistance Publique/Hôpitaux de Paris compte 10 000 administratifs pour 8000 médecins, dont 5000 à plein temps. In *Les scandales des hôpitaux de Paris et de l'hôpital Pompidou*, du Pr. Philippe Even, Cherche-midi éditeur, 2001.

Sécurité sociale déboursera en 2002 pour les deux semaines du nouveau congé paternité. C'est encore un choix. Et les 3000 emplois supplémentaires de policiers prévus dans le budget 2002 ne feront, pour les deux tiers d'entre eux, que compenser le passage aux 35 heures, ce qui finit par être une guigne...

On parle aussi de la justice dont les agents – secrétaires, greffiers ou juges – croulent sous les procédures. Les parquets en enregistrent 5 millions par an quand les tribunaux n'ont les moyens d'en juger que 400 000.

Santé publique, sécurité publique, justice : c'est le cœur même des fonctions de l'État qui se retrouve tout flageolant. L'État a été fondé, que l'on sache, pour assurer la sécurité des citoyens, pour faire respecter la loi, sauf à accepter celle du plus fort. C'est ce à quoi il consacre le moins de soins.

« Dans tous les domaines, l'État est archaïque, écrit Claude Allègre, visiblement édifié par son expérience ministérielle. Alors que nos grandes entreprises sont à la pointe du progrès, de la bonne gestion, de la mondialisation, l'État a 20 ans de retard dans ses équipements, ses techniques de gestion et ses mentalités [5]. »

---

5. In *Les audaces de la vérité*, Robert Laffont, novembre 2001.

Nos gouvernants criailleront au manque de moyens. Sans s'aviser qu'il dépend d'eux d'en avoir, d'en prendre ici pour en mettre là, de faire des arbitrages – de gouverner. Ils pleurnicheront qu'on ne peut pas tout faire. Tandis qu'on peut, en effet, ne rien faire. Par peur de déranger. Par culture du « excusez-moi de vous demander pardon ».

La peur de l'opinion
ou la dévotion suiviste

Les hommes politiques, disait Coluche, ne sont ni pour, ni contre, bien au contraire. C'était dire, soit que les convictions ne les encombraient pas, soit qu'ils avaient bien trop peur que leurs idées effarouchent l'opinion pour oser les exprimer. Le mot était drôle, en tout cas. Peut-être parce qu'il est presque juste.

On s'interdira certes de croire une seule minute qu'ils puissent ne pas avoir de convictions. Tout le monde en a : pourquoi pas eux ? D'autant que c'est le socle de leur métier, n'est-ce pas, d'en avoir, et de suffisamment bonnes et fortes, même, pour en convaincre l'électeur. Les idées, genre « changer la vie », fracture sociale, liberté dans le progrès ou le contraire, solidarité dans la justice ou l'inverse, ils en font commerce. Et encore, on ne cite là que les têtes de chapitre.

C'est quand on entre dans le détail que ça devient plus compliqué. Imaginez, vous êtes interpelé, à la sortie de votre ministère, ou lors d'un déplacement sur le terrain, ou sur un plateau de télévision, sur tout, n'importe quoi et le reste : un conflit social, la situation internationale, les impôts des petits commerçants, la défaite du PSG ou le retour de la croissance. Et vous devez répondre. Vous avez bien une petite idée, évidemment, tout le monde en a : pourquoi pas vous ? Mais vous êtes obsédé par la gaffe, la réponse à côté de la plaque, la réplique qui vous vaudra l'opprobre publique. Alors, comme vous avez du métier, vous baragouinez avec fermeté quelques propos vasouillards, sans oublier de dire que ça vous soucie (ou vous réjouit) et que vous vous en occupez prioritairement (ou que vous vous en félicitez grandement). C'est de la langue de bois, ce patois politique dont parle Coluche.

Dans le privé, pourtant, vous êtes normal, parlant sans détour, lucide, pourquoi pas courageux. Intelligent, mais peureux dans l'exercice de vos fonctions. La peur du grand « qu'en dira-t-on » national, c'est ce qu'on appelle la démocratie d'opinion.

Si bien que nos gouvernants, ayant peur de penser « à côté » de l'opinion publique, ou « de travers » par rapport à telle catégorie électoralement stratégique, ont largement choisi de penser... ce que pense le plus grand nombre, de vouloir... ce que veulent leurs électeurs, de dire... ce que l'opinion veut entendre. Simple et sans danger.

Les hommes politiques ne sont ni pour, ni contre. Ils sont tout contre. Au plus près de ce qu'il faut penser pour coller à leurs compatriotes, leur plaire et leur complaire. En bons chefs, ils suivent leurs troupes. En vrais politiques à la française, ils se rallient au panache blanc de l'opinion publique. Ayant oublié qu'ils étaient légitimes, ils ne se soucient plus que d'être populaires.

Bon. On ne va pas découvrir ici que la démocratie, via l'élection, est un exercice de séduction, ni s'effaroucher que les politiques aient le souci d'apparaître à nos yeux sous leur meilleur jour. Que serait d'ailleurs un homme politique, a priori formidable, que son caractère entier et son indifférence absolue aux attentes de ses contemporains condamneraient à n'être jamais élu ? Ce ne serait tout simplement pas un homme politique, au mieux un tribun de comptoir au Café du commerce.

Que, donc, les politiques cherchent à plaire et à se parer de leurs plus beaux atours, on n'y voit (presque) pas d'inconvénients. Va pour le fond bleuté de la tribune qui flatte une image à la télé. Va pour la photo de vacances, soigneusement naturelle, où l'on s'expose en toute simplicité avec madame, les enfants et le chien (ou une sortie à vélo sur l'île de Ré, ou une sortie de messe à Bormes-les-Mimosas). Va pour le choix judicieux de costumes flatteurs (que l'on se souvienne de l'affaire de première importance où fut mis en question l'habillement, décidément ringard, de Lionel Jospin, au point qu'il jugea utile de répondre qu'il fallait le prendre «comme il était», ce qui ne le dissuada pas d'arborer quelques jours plus tard une nouvelle garde-robe)...

«Les hommes politiques ont besoin de séduire et nous sommes là pour leur suggérer des sortes d'emballages au sens où l'on présente des articles dans le commerce», écrit Jean-Marc Lech [1], patron de l'institut de sondage Ipsos et consultant influent et multi-cartes de tous les grands de ce monde-là (Mitterrand, Chirac, Balladur, Fabius...). L'acte d'achat, en l'occurrence, c'est le vote.

---

1. In *Sondages privés, Les secrets de l'opinion*, Stock, octobre 2001.

Va, aussi, pour ces batteries d'études qui mesurent l'impact public d'une mesure ou d'une prestation. Et même, encore, pour ces enquêtes d'opinion, innombrables, fouillées, où tout est sondé de l'électorat, ses reins et son cœur, ses rejets et ses réflexes, ses tropismes et ses humeurs. Cette grande machine à idées et à images qu'est la politique a besoin, sans doute, de se conforter dans le miroir de l'opinion. Les sondages, après tout, seraient autant de micro-élections entre de vrais scrutins.

Sauf que... Sauf qu'à être journalier, le jugement des Français finit par être dictatorial. S'aventurer hors des clous que l'opinion dessine sur tous sujets, c'est perdre des points et des plumes. Les volontaires sont rares. Le pouvoir a peur de la rue, avons-nous dit. Il a peur de l'opinion, qui en est la version soft.

Alors, les convictions, les projets auxquels on croit, les ambitions et les idées... Rien ne doit dépasser du cadre acceptable et accepté par l'opinion. Et nos tous petits hommes s'y soumettent, en serviteurs peureux de la démocratie d'opinion. Leurs opinions sont indexées sur l'opinion. Ils mettent leurs convictions sous ce boisseau-là. Et s'ils n'ont pas de convictions, ils se les forgent à cette aune-là. De la grandeur de la politique...

Avant de se porter candidat à la présidentielle de 1995, Lionel Jospin consulte : il est à la recherche de quelques mesures choc qui lui vaudraient un bénéfice électoral. On lui suggère la suppression du service militaire et l'instauration d'une armée de métier. Le futur candidat refuse. Parce qu'il est contre ? Que sa réflexion lui fait juger néfaste pareille réforme ? Non : « Les Français n'accepteraient jamais cette mesure », répond-il.

En avril 1999, des gendarmes, sous l'autorité du préfet de Corse, mettent le feu à une paillotte illégale. Sans doute outré par cette perversion du sens de l'État, et non moins sincèrement indigné du piètre contrôle que son Premier ministre exerce sur l'appareil étatique, Jacques Chirac prépare un discours musclé. On ne transige pas, n'est-ce pas, avec ces choses-là quand l'autorité de l'État est à ce point mise à mal. Ce discours, on ne l'entendra pourtant jamais. Un sondage secret dissuade le président de la République : c'est que les Français, voyez-vous, n'auraient pas été à l'unisson de son indignation. Cas de force majeure, en effet, dont on comprend qu'il s'impose au président. Il l'a échappé belle, le garant de l'État ! Un peu plus, et il le défendait.

Deux petites histoires plutôt intéressantes, non ?, qui nous sont révélées, non sans audace, par Jean-

Marc Lech, leur témoin et acteur direct. Où l'on voit comment les convictions, les décisions, les paroles sont forgées, prises, prononcées dans le seul objectif de leur impact, de leur soumission à l'opinion. On a même entendu dire, sans arriver à croire cette anecdotique faiblesse, que François Bayrou, celui-là même qui veut en finir avec les règles, compassées et stériles, du jeu politique et dire enfin la vérité vraie à ses compatriotes, n'a publié son livre de campagne *Relève*[2] qu'après en avoir testé le titre et les grandes orientations auprès d'un petit échantillon de Français[3].

Une démagogie ordinaire. Faut-il expliquer ainsi les grandes sinusoïdales, changements de pied, renversements, retournements ayant marqué la vie politique de François Mitterrand, lequel n'aura – mais ce n'est pas rien – pris l'opinion publique à rebrousse-poil que sur l'abolition de la peine de mort ? Faut-il expliquer ainsi les vire-voltes – du « libéralisme » au « travaillisme à la française », du contre le « quinquennat attentatoire aux institutions » au pour le « quinquennat qui les modernise » – de Jacques Chirac ? Ne soyons pas

---

2. Grasset, novembre 2001.
3. *L'Express* du 22 novembre 2001.

catégoriques : le monde change, ils peuvent changer aussi, pragmatisme, opportunisme et convictions confondus. Mais que d'exemples avérés où la démagogie, et le clientélisme qui en est la version catégorielle, s'affichent sans fausse honte.

Les présidents des Régions n'en sont pas encore revenus. Ils étaient quelques-uns, tous de droite, à s'être rendus à Rodez, à la mi-octobre 2001, pour écouter le discours de Jacques Chirac devant le Congrès de l'assemblée des départements de France. Comme ils s'effarouchaient ensuite d'une intervention toute à la gloire des conseils généraux, le président les rassura tout aussitôt : « Ne vous inquiétez pas. Je ferai un discours à la gloire des conseils régionaux quand je serai devant vous [4]. » Ben voyons... Autre lieu, autres circonstances, même président : en visite à Toulon, alors que l'on commence de s'interroger sur la faible participation militaire française en Afghanistan et que le Charles-de-Gaulle n'en finit pas de réparer ses avaries, Jacques Chirac réclame au plus vite la mise en chantier d'un second porte-avions. Tout juste quatre mois après qu'il eût approuvé le projet de loi de programmation militaire 2003-2008,

---

4. *Le Point* du 9 novembre 2001.

laquelle remet à cette date – 2008... – l'hypothétique décision sur cet éventuel bâtiment[5]. C'est tout simple, finalement, l'art de présider.

Celui de gouverner n'est pas mal non plus. À preuve, l'affaire des rave-parties. Une véritable parabole où l'on se fiche totalement du problème posé pour ne songer qu'à courir deux lièvres électoraux successivement.

Le lièvre jeunes, d'abord. Tout commence quand Daniel Vaillant, le ministre de l'Intérieur, fait sien un amendement déposé par un député RPR, Thierry Mariani. Il s'agit de soumettre à déclaration préalable auprès des préfectures les fêtes techno, faute de quoi le matériel de sonorisation des organisateurs serait saisi. Ces rassemblements de plusieurs milliers de jeunes se déroulent en effet dans un manque flagrant d'hygiène, sans mesures de sécurité. La plupart sont de véritables grandes surfaces de la drogue à ciel ouvert. Et il n'est pas rare qu'y surviennent des accidents, des viols, des comas médicamenteux ou des overdoses.

Fâcheux, évidemment. Mais les jeunes n'en continuent pas moins d'aimer les raves. Donc les députés socialistes, qui aiment les jeunes, aiment

5. *Le Point* du 16 novembre 2001.

les raves, ces fêtes de la liberté où l'on peut s'éclater en rebelles qui niquent l'ordre marchand.

C'est dire que Vaillant, avec son amendement, en prend pour son grade. Il fait de l'anti-jeunes. Son texte est liberticide. Un quarteron de ministres, Jack Lang, Catherine Tasca, Claude Bartelone, Bernard Kouchner, plaident qu'«on laisse libre la jeunesse». On ne cèdera pas à la facilité d'ajouter «libre de se shooter? libre de se tuer?».

Le 21 juin de cette année 2001, c'est la fête de la musique. Lionel Jospin vient sur TF1 lui déclarer sa flamme. Évidemment, il est interrogé sur ces raves qui mettent ses amis en transe et les jeunes sur les nerfs. Un jour pareil, vous pensez, il ne peut que lâcher son ministre de l'Intérieur. Déjà qu'il passe pour un psycho-rigide, il ne va pas, en plus, s'afficher en ringard répressif. Cinq jours plus tard, le dispositif Vaillant est retoqué par l'Assemblée nationale.

Ce n'est pas, il s'en faut, la fin de l'histoire. Car, voyez-vous, un électoralisme chasse l'autre. Il est temps de courir le deuxième lièvre, l'opinion publique dans son ensemble, cette fois.

L'été, de fait, est riche en incidents. Ici, des heurts entre gendarmes et agriculteurs venus déloger les ravers de leurs champs, là, ailleurs, un peu partout, des surdoses, des overdoses, un viol, une chute mortelle. Pour le seul Technival de Florac, en Lozère, à la mi-août, la Croix-Rouge et Médecins du monde interviennent 328 fois, 19 personnes sont évacuées, dont neuf en hélicoptère, vers les hôpitaux. Un raver, gorgé d'ecstasy, LSD, speed et kétamine, s'automutile en se tranchant les poignets et le thorax. Un autre tombe dans le coma. Partout, malgré la présence, à côté des secours médicaux, de gendarmes, d'agents des douanes, voire de CRS (drôles de rassemblements «clandestins»!), malgré les saisies et les arrestations de dealers, les cocktails de stupéfiants abondent, buvards de LSD, comprimés d'ecstasy, hashich... «Un supermarché de la drogue au détail ou en semi-gros», dira du rassemblement de l'Aveyron, le 13 juillet, le procureur de la République de Rodez.

Tout cela, on en conviendra, fait un peu sale. Mauvais effet, en tout cas, sur l'opinion, laquelle, en outre, s'impatiente d'une insécurité montante. Vous ajoutez le climat créé après les attentats du 11 septembre à New York. Et Daniel Vaillant, à la rentrée, n'a pas trop de mal à faire voter un train de mesures sur la sécurité quotidienne, dont... la réglementation des rave-parties. À trois mois d'intervalle, les députés socialistes se renient. Foutus jeunes.

Qu'on se rassure : ils n'ont pas grand-chose à craindre. On aura compris que dans cette affaire, le sort réel des jeunes ravers importait peu. Ce qui importait, c'était la posture. Et la loi d'encadrement des raves-parties n'a guère plus de chances d'être appliquée que la précédente. Car, on avait oublié de vous le dire, il existe déjà, mais sur le papier, pour rire, un arsenal juridique pour réglementer des soirées de ce genre (l'ordonnance de 1945 sur l'organisation des spectacles et un décret de 1997). «Nous étions déjà dans l'illégalité, alors une loi de plus ou de moins, ça ne change rien», commente flegmatiquement un organisateur de soirées techno[6]. «La peur des jeunes empêche d'appliquer la loi. On préfère en voter une autre qui ne sera pas davantage appliquée», réagit un membre du Syndicat national des officiers de police. Et une loi, une!

Résumons : 1/ Une loi existe qui reste lettre morte. 2/ Le même gouvernement qui s'agite et dépense des sommes folles pour prévenir les morts éventuelles et futures dues à la maladie de la vache folle laisse faire, tranquille, des rassemblements qui, eux, tuent bel et bien, et aujourd'hui.

---

6. *Le Figaro* du 1er novembre 2001.

Cherchez l'erreur. 3/ L'idée d'essayer de protéger les jeunes contre eux-mêmes est jugée liberticide (mais pourquoi, alors, cette obligation de porter un casque sur une moto, attentatoire aux cheveux dans le vent?). 4/ L'encadrement des raves-parties est jugé d'autant plus inique (par Noël Mamère) que «des centaines de jeunes meurent chaque année dans des accidents de voiture suite à l'absorption d'alcool dans les boîtes de nuit[7]». Ou comment une grande hécatombe doit empêcher d'en éviter une petite. 5/ Les quelques agriculteurs qui voient leurs pâturages investis et soigneusement labourés par les ravers sont priés d'aller se faire voir. Qu'ils déposent plainte s'ils le veulent. Seuls les paysans en groupe, et de préférence violents, sont pris en considération (voir premier chapitre).

On s'arrête là. Les jeunes, on l'espère pour le pouvoir, apprécieront tous les dénis qu'il leur consent – légalité, autorité, respect et simple bon sens. La lâcheté, quelquefois, prend le masque de la tolérance et le mépris, souvent, celui de la complicité qu'affichent à tout prix ceux qui se veulent vos amis. Des amis plus soucieux de leur bien que du vôtre.

------

7. Cité par *Libération* du 1er novembre 2001.

Tout est bon pour draguer les jeunes, cette obsession des pouvoirs chenus. Surtout ne pas décrocher, rester à leur écoute pour ne pas perdre la leur, leur emboîter le pas pour ne pas perdre pied. L'intention pourrait être légitime si elle ne se pervertissait dans le suivisme, le jeunisme, l'opportunisme, ces maladies du caractère.

Pour ça, il existe un truc épatant qui fait toujours de l'effet, à défaut de produire des résultats, et qui s'appelle «la grande consultation nationale des jeunes» — ne pas confondre avec un vulgaire sondage, non : à moins de quelques millions de questionnaires, l'opération risquerait d'apparaître pour ce qu'elle est, un simple gadget. Les ministres adorent ça. Ça coûte beaucoup d'argent, ça implique des dizaines de milliers de personnes, ça fait parler : franchement, l'homme qui déclenche pareil barnum ne peut pas complètement détester la jeunesse. Il ne peut être qu'avide de la connaître, de l'entendre, de la satisfaire, ce qui est le but de la manœuvre.

Ainsi Lionel Jospin consulte-t-il les jeunes en 1989 quand il est ministre de l'Éducation nationale. Ainsi, en 1993, Édouard Balladur — celui-là même qui mit en masse les jeunes dans la rue contre son projet de CIP [8] et pour se faire pardonner d'eux – voulut tout savoir des opinions et attentes des 8 millions de 15-25 ans. En 1998 encore, Claude Allègre y allait de sa grande consultation nationale qui mobilisa, outre les lycéens, une armée de 50 000 dépouilleurs – ce dont le ministre était tout fier.

Son initiative mérite qu'on s'y arrête. Moins pour son ampleur – dont on est forcément admiratif même si, n'étant pas inédite, on se lasse de tout – que pour son contenu. Les lycéens français étaient en effet tous priés de répondre à un questionnaire de trois pages intitulé «Quels savoirs enseigner dans les lycées».

Demande-t-on à un malade, en toute ignorance de cause, de choisir le traitement le plus propice à sa guérison? Aucun hôpital ne s'y risquerait. Interroge-t-on l'homme de la rue sur la manière dont il faudrait s'y prendre pour résoudre le théorème de Fermat, ou expliquer la quintuple synthèse étoilée de Fichte? Pas un fou n'y songerait.

Les lycéens ne sont ni malades, ni imbéciles. Ils peuvent avoir des idées pertinentes, nul n'en doute. Mais leur demander ce qu'il faut leur apprendre

---

8. Il permettait à un employeur d'embaucher un jeune à la sortie de l'école à 80 % du Smic, une part de son travail étant considérée comme de la formation.

est proprement insensé. Leur demander ce qu'il est bon de savoir pour leur culture et utile pour leur avenir, c'est leur demander de trancher entre des matières, des sujets, des disciplines dont ils ignorent par définition encore tout. C'est demander à des consommateurs d'école de choisir les yeux bandés le meilleur produit d'un rayonnage inconnu.

Et on appelle ça « consultation nationale des jeunes » ! Mépris national, oui. Je m'en-foutisme national, oui. Démission nationale, oui.

Car non seulement on prend les jeunes pour ce qu'ils ne sont pas, pour ce qu'ils ne peuvent pas être, mais, en les faisant juges de ce qu'ils ne peuvent pas connaître, on abdique une responsabilité propre à la société des adultes – et, parmi eux, des enseignants. On renonce à cette autorité des adultes qui, seuls en la matière, peuvent se prévaloir de savoirs, d'expérience et d'expertises.

Serait-ce que notre ministre ne sache plus, dans les savoirs à transmettre, à quoi se vouer ni à qui se fier ? Ou plutôt qu'il veuille ériger les lycéens en égaux de leurs maîtres, le temps d'une consultation nationale ? Tous égaux, tous copains, une égale autorité reconnue aux uns et aux autres, la liberté de choisir avant l'effort d'apprendre, l'infantilisation du monde... Les gentils politiques à la remorque de leur jeune clientèle. Leur cote plutôt que leur devoir.

La peur des coups
ou le déni de responsabilité

Il faut bien s'appeler Olexandre Kouzmouk et être ukrainien pour songer à démissionner, et démissionner vraiment. Car, voyez-vous, Olexandre Kouzmouk était ministre de la Défense quand un missile malencontreusement tiré d'un de ses navires de guerre a abattu un avion de ligne russe, le 4 octobre 2001. Il ne s'en est pas tenu quitte, ce qui dénote, on en conviendra, une fâcheuse immaturité politique.

Il faut être ministres belges, n'est-ce pas, pour se sentir responsables quand s'évade en 1998, quelques heures durant, Marc Dutroux, cet assassin de quatre jeunes filles (démission du ministre de l'Intérieur Johan Vande Lanotte et de celui de la Justice Stefaan De Clerck) ; quand une jeune demandeuse d'asile nigériane, en 1998, meurt, étouffée par un oreiller, victime des méthodes de la gendarmerie (démission du vice-Premier ministre et ministre de l'Intérieur Louis Tobback); quand éclate en 1999 l'affaire du poulet contaminé à la dioxine (un «chickengate» sanctionné par la démission du ministre de l'Agriculture Karel Pinxten et celle du ministre de la Santé publique Marcel Colla).

Il faut être ministre du Travail espagnol pour renoncer bêtement à son poste : à peine Manuel Pimentel découvre-t-il que son ministère a alloué une forte subvention à une société de formation professionnelle qui appartient à l'épouse de son principal collaborateur, qu'il limoge celui-ci, convoque la presse et démissionne lui-même. «J'assume ma responsabilité politique», explique simplement le jeune, probablement trop jeune, ministre de José Maria Aznar.

Il faut probablement être anglais, s'appeler James Prior et être secrétaire d'État à l'Irlande du nord pour assumer l'évidente brutalité de la police de Belfast lors d'une manifestation. «J'assume...», a dit cet homme assurément trop tendre.

Il faut être allemands, sans doute, pour se croire obligés de démissionner quand les premières vaches sont atteintes par l'ESB. Karl-Heinz Funke, ministre de l'Agriculture, avait cru le cheptel national à l'abri de cette maladie. Les faits lui ont donné tort. Il se donne tort à lui-même. Tout juste précédé dans la démission par la ministre verte de la Santé, Andrea Fischer : son ministère avait hésité à retirer du marché les saucisses contenant du bœuf. (Une grave erreur, en effet, qui a dû faire frémir d'horreur les autorités françaises tout juste responsables, elles, d'avoir importé en masse des farines animales britanniques alors interdites sur leur territoire.) Exit Andrea Fischer, cette âme sensible...

Pauvres peuples qui en sont encore à ces rites expiatoires et autres exorcismes moyenâgeux ! Les politiques français, eux, savent ne pas tomber dans ces primitives facilités. Que surviennent un drame, un accident, une bavure, un scandale dans le champ de leurs responsabilités, et ils crient maman, jurent qu'ils n'y sont pour rien et se carapatent. Les responsables politiques n'aiment rien tant que ne l'être en rien, responsables.

Vous en avez vu beaucoup de responsables, vous, dans l'affaire Bonnet, à part le présumé coupable Bonnet lui-même et ses sbires incendiaires ? Voilà un préfet nommé dans des conditions exceptionnelles et dramatiques, au lendemain de l'assassinat d'un préfet de la République, intronisé sur place par Jean-Pierre Chevènement lui-même, suivi au jour le jour par ses autorités de tutelle, Matignon et l'Intérieur, soutenu par elles sans relâche. Et quand survient l'affaire – l'incendie d'une paillote illégale sur une plage corse par une cohorte de gendarmes –, il n'y a plus personne, soudain. Tout juste si on le connait, le préfet Bonnet. Suffisamment, tout de même, pour soupçonner en lui un « cas psychiatrique ». L'homme aura « disjoncté », voilà tout.

Vous avez vu combien Roland Dumas s'est vite senti responsable, quand il lui a fallu des mois, cerné par ses frasques extra-conjugales avec Christine Deviers-Joncourt, et dûment poussé dans le dos par ses pairs, pour finir par se mettre en congé de la présidence du Conseil Constitutionnel? Ministre des Affaires étrangères, il savait qu'une ambassadrice de charme avait été placée auprès de lui et grassement rémunérée par Elf pour l'influencer. Devenu président du Conseil Constitutionnel, mis en examen pour recel et complicité d'abus de biens sociaux, il ne voyait aucun inconvénient à rester à son poste. Lui d'abord, et peu importait le crédit de la plus haute institution française chargée de dire le droit. Sa personne avant tout, fût-ce au prix et au mépris de sa fonction. Pas un instant il n'a songé que son rang l'obligeait, qu'il ne s'appartenait plus complètement, que les honneurs dûs à sa charge ne s'accommodaient pas de son honneur perdu. Pourquoi se gêner, d'ailleurs, quand sa défausse était plus encouragée qu'autre chose par l'Élysée et Matignon, s'il vous plait?

Vous les avez vus se remettre en cause, tous ces pontes de l'aristocratie politico-financière qui, ministre à Bercy, directeur du Trésor, Gouverneur de la Banque de France ou président de la commission bancaire, avaient pour mission de contrôler les banques et qui, des années durant, n'ont rien empêché des extravagantes dérives du Crédit Lyonnais? Ils avaient sous les yeux le plus ruineux scandale bancaire du siècle – à 19,82 milliards d'euros (130 milliards de francs) pièce. Mais non! L'un des leurs, présumé le meilleur, Jean-Yves Haberer a pu tranquillement mener la première banque française, européenne, mondiale[1] au bord du gouffre. Et eux, tranquillement, survivre à ce naufrage qui est aussi le leur.

_____

1. De 1988 à 1993, durée de son mandat, le chiffre d'affaires du Crédit Lyonnais atteignit 304,9 milliards d'euros (deux mille milliards de francs).

« Tranquillement », on exagère, car la justice, qui ne respecte rien, mit son nez dans cette affaire où tous les charmes de l'étatisme français furent à leur meilleur : la collusion du politique et du financier, la mégalomanie, le n'importe quoi qui plaît au Prince, les filouteries, le tout sans que fonctionne la moindre procédure de contrôle. Ainsi furent mis en examen Jean-Yves Haberer lui-même [2], mais aussi Jean-Claude Trichet, alors directeur du Trésor, son adjoint Jean-Pascal Beaufret et Jacques de la Rosière, gouverneur de la Banque de France à l'époque. Les cas de Michel Sapin et d'Edmond Alphandéry, successifs ministres des Finances, l'un de gauche, l'autre de droite, étaient, eux, soumis à la Cour de Justice de la République.

Passons sur les heurs et malheurs judiciaires des uns et des autres, pour ne poser que cette naïve question : que n'ont-ils démissionné, ces ministres et autorités financières, ou menacé de le faire ? Car Sapin, Trichet, Beaufret n'ont cessé, à la vérité, de crier au loup, d'alerter, d'avertir, de plaider qu'on arrête enfin la folie expansionniste d'Haberer. Bravo ! Sauf que Pierre Bérégovoy, à Matignon, n'avait d'yeux que pour Haberer. Étaient-ils donc

_____

2. À peine évincé du Crédit Lyonnais, l'État, bon prince, le nommait à la présidence du Crédit national, manière de le faire patienter avant une retraite aussi méritée que confortable.

obligés d'accepter que le Premier ministre tienne leurs avertissements pour autant d'avis négligeables, quand la situation était aussi grave qu'ils le disaient? Étaient-ils obligés d'accepter qu'il les considère, eux, ministre, gouverneur ou directeur, comme d'insignifiants ectoplasmes? Eux, ministre et hauts fonctionnaires parmi les plus hauts n'étaient soudain que petits garçons obéissants. Même les militaires ont le droit, face à un ordre insensé, de désobéir. Mais chez ces gens-là, monsieur, on ne s'impose pas, on compose. Voilà pourquoi vous n'avez entendu personne se tenir pour responsable – même pas Edmond Alphandéry qui, sans rire, en 1995, jura que son plan de sauvetage de la banque ne coûterait pas un centime au contribuable! Pas précisément un centime, en effet: après y avoir affecté les 5,03 milliards d'euros (33 milliards de francs) de la cession de la banque et 5,34 autres milliards d'euros (35 milliards de francs) venant d'autres privatisations, l'État y consacre chaque année 91 millions d'euros (6 milliards de francs)... jusqu'en 2014 [3].

Vous les avez vus se sentir concernés, vous, les responsables successifs de la Société du Tunnel du

3. *Le Monde* du 20 novembre 2001.

Mont-Blanc, amis politiques de diverses majorités, mais tous assidus aux mêmes prébendes d'une fonction à avantages ? Vous les avez entendus, les Édouard Balladur, Charles Salzman et autres Rémi Chardon nous expliquer, après qu'y eurent cramé trente-neuf personnes, pourquoi le tunnel, si rentable pourtant, était défaillant, les investissements de sécurité insuffisants, les plans de secours flageolants et ce qu'ils avaient fait au juste de leur lucrative présidence ?

Vous avez entendu dire, vous, que quelques képis étoilés et leurs patrons de ministère étaient gênés par les multiples malfaçons qui clouent régulièrement le porte-avions Charles-de-Gaule dans une cale sèche de Toulon ? L'insuffisante étanchéité des réacteurs nucléaires, les inquiétantes vibrations des safrans : admettons les péchés de jeunesse d'un prototype. Mais cette piste d'atterrissage qui s'avère trop courte de 4,40 mètres pour les avions – des bimoteurs Hawkeye – qui doivent s'y poser ? Simple distraction sans doute, dont on ne connaîtra que la facture (910 000 euros, soit 6 millions de francs supplémentaires, soit 14 000 francs le centimètre). Les étourdis auront monté en grade, probablement...

Vous les avez vus seulement penauds, ces puissants ministres des Affaires sociales qui, pendant plus de dix ans, ont couvert l'ARC, l'association de recherche contre le cancer de Jacques Crozemarie, en sachant pertinemment que ce gang détroussait ses donateurs ? Chaque année, le bon, le généreux, le compatissant monsieur Crozemarie sollicitait leur bon cœur. Et chaque année, les millions affluaient pour financer, certes, des services de cancérologie, mais aussi la belle vie, les villas, la piscine, les voyages, les parties de chasse ou de pêche au gros et les affaires annexes de Crozemarie et de ses complices. Quarante-cinq millions d'euros au moins (trois cents millions de francs) ont ainsi été détournés de leur but charitable avant que l'Igas, cette Inspection générale des affaires sociales présidée par Michel Lucas qui deviendra le président d'une nouvelle Arc, la presse et la justice provoquent enfin la chute de la maison Crozemarie.

Le pouvoir, lui, fit preuve d'une remarquable neutralité. Tout était là, pourtant, sur les bureaux ministériels, les rapports, les soupçons, les preuves. Dès 1982, les agissements du président-fondateur de l'Arc faisaient l'objet de vives réserves de la part du président du Haut comité français d'aide à la lutte contre le cancer, le conseiller d'état Roger Grégoire. Sans doute n'était-il qu'un plaisantin...

En 1984, un rapport de l'Igas critique le mode de gestion, parfaitement opaque, de l'association. Un détail... En 1988, un rapport commandé par Michèle Barzach et portant sur l'Institut Gustave Roussy, à Villejuif, où l'Arc est basée, dénonce le «pouvoir exercé de manière quasi-théocratique» par Crozemarie. Soit. Plus tard encore, Claude Evin déclenche une enquête spécifique de l'Igas sur l'Arc. Crozemarie, la belle âme, s'y oppose : tant d'acharnement alors qu'il dépense lui-même tant d'énergie pour porter secours à ses contemporains, c'est trop, décidément. Et il gagne : l'Arc ne recevant pas de subventions de l'État, le Conseil d'État estime que le contrôle de l'Igas n'aurait jamais dû avoir lieu. Ainsi, situation drôlatique, un rapport existe, accablant et connu de tous, mais fantôme.

Ah! Les oreilles doivent lui siffler, à Jacques Crozemarie. C'est fou tout le mal qu'à droite, qu'à gauche et qu'au centre on pense et dit de lui. Mais en secret, en aparté, entre initiés. Vous comprenez, l'escroc est puissant, ses soutiens médiatiques (le professeur Schwartzenberg, entre autres) influents, ses amitiés politiques nombreuses, ses réseaux francs-maçons actifs. Autant de bonnes raisons, en effet, pour ne rien faire. Et justement, on ne fait rien. Le donateur continue de donner, l'Arc de tourner et de détourner, Crozemarie de mendier et de racketter.

On ne fait rien, pas tout à fait. Simone Veil s'opposera à ce qu'il soit élevé au grade de commandeur de la Légion d'honneur. Plus téméraires encore, les trois représentants de l'État – ministères de la Santé, de la Recherche et de l'Éducation nationale –, membres de droit du conseil d'administration de l'Arc, finiront par ne plus y siéger. C'est pas beau, ça ? Cette magnifique posture qui consiste à déserter pour ne pas compromettre la signature de l'État au bas d'un procès-verbal annuel dicté par le seul Crozemarie ? Cette politique de la chaise vide pour ne pas cautionner ce que l'on devrait empêcher ? Cet abandon de poste érigé en haut fait de résistance ? Seul Pierre Tambourin, représentant du CNRS, s'est battu jusqu'au bout. Tandis que la représentante de la Direction générale de la Santé, présente le jour où Crozemarie fait voter une motion contre Michel Lucas, l'empêcheur de spolier en paix, aura pour seul courage... de s'abstenir.

Vous en avez vu beaucoup, vous, de responsables publics dans ce scandale à la charité publique ?

Être responsable de ses propres fautes, erreurs, impéritées, défaillances, manquements et, par dessus le marché, de ceux de ses administrations ou de ses subordonnés, vous n'y pensez pas! On n'y pense plus, en effet, depuis bien longtemps. C'est avec un amusement incrédule et apitoyé qu'aujourd'hui on se raconte la colère du général de Gaulle un jour de 1964. Le 2 mai, un détenu s'évade de sa prison. Et de Gaulle d'exiger, dans la minute, la démission du directeur de la prison en question, du directeur de l'Administration pénitentiaire et du ministre de la Justice (on finit par l'en dissuader). Pour une simple évasion! Où irait-on, n'est-ce pas, si la moindre bévue ou le moindre drame relevant du champ public justifiait la sanction d'un responsable public, lui-même innocent?

C'était une époque où une possible injustice paraissait préférable à une irresponsabilité certaine.

La nôtre préfère la défausse. C'est ainsi. Hors les mis en examen (nous y reviendrons plus loin) et les démissionnaires pour convenances politiques (Jacques Chirac de Matignon sous Giscard, Michel Rocard de l'Agriculture ou Jean-Pierre Chevènement de l'Industrie puis de la Défense sous Mitterrand, Chevènement encore de l'Intérieur dans la période Chirac-Jospin), les ministres survivent à tout. Une évasion, vous pensez! Une manif mal gérée, vous plaisantez! Une défaillance qui tourne au drame, vous n'y êtes pas! À ne pas se sentir responsables de grand-chose, ils ne le sont de rien.

Quitte, si vraiment ça chauffe trop, à ruser par l'esquive. En décembre 1986, au milieu de manifestations étudiantes, Malik Oussekine meurt à la suite de coups donnés par une brigade motocycliste. Responsable, Charles Pasqua, ministre des forces de l'ordre et pilier de la chiraquie ? Responsable, René Monory, ministre de l'Éducation nationale et précieux allié centriste de Chirac ? Non, le gentil Alain Devaquet, en charge de l'Enseignement supérieur et de la Recherche, fera convenablement l'affaire. C'est lui qu'on sacrifie, et basta !

En 1992, Georges Habache, chef palestinien terroriste, vient se faire soigner dans un établissement parisien. Émoi, scandale, affaire d'État. Et fureur de François Mitterrand : « J'ai compris, éructe-t-il. Il n'y a plus de gouvernement, plus de ministre des Affaires étrangères, plus de ministre de l'Intérieur, rien, ce n'est pas la peine de me faire un dessin ! » Il faut sévir, incontestablement. Contre le ministre des Affaires étrangères évanescent ? On ne peut faire ça à « l'ami Roland » (Dumas), une clémence qui profite par ricochet à Philippe Marchand, le ministre de l'Intérieur qui n'existe pas. Leurs directeurs de cabinet, vite démissionnés, feront de parfaits fusibles. Et le plus beau, pour justifier son refus de démissionner, cette phrase pleine de grandeur de Roland Dumas, on le reconnait bien là : « Je n'obéis qu'aux injonctions de ma conscience et à la volonté du président de la République. » Deux maîtres, à l'évidence, peu exigeants [4].

« Responsables mais pas coupables. » On reconnait là le slogan brandi en 1992 par Georgina Dufoix. Ainsi l'ancienne ministre des affaires sociales du gouvernement Fabius se défendait-elle alors que son rôle, dans ces années scabreuses (1984-85) où l'appareil d'État n'a pas pris, pas pu ou pas voulu prendre la mesure du sida, lui valait mille procès publics avant de lui en valoir un devant la Cour de Justice de la République. Responsable mais pas coupable. Elle voulait dire qu'elle était prête à assumer les faits qui lui étaient reprochés, à elle et à ses services, mais pas une culpabilité pénale et pour le coup pénalisante. Tout le monde a traduit : « intouchable. » Elle voulait

---

4. Ce commentaire, que l'on fait nôtre, est de Jean-Michel Blanquer, professeur de droit public et co-directeur, avec Olivier Beaud, d'un ouvrage collectif *La responsabilité des gouvernants*, publié aux Éditions Descartes et Compagnie.

dire qu'elle acceptait d'être responsable politiquement – mais comment l'être, au juste, six ans après les faits ? – sans pourtant qu'elle ait commis, elle personnellement, une faute. Tout le monde a conclu à la défausse.

Oublions Georgina Dufoix, mais défendons au moins sa formule.

Les hommes politiques, oui, devraient être responsables, forcément responsables, même quand ils ne sont pas coupables, c'est-à-dire justiciables du Code pénal au titre d'une faute par eux commise.

Leur élection, leurs fonctions à la tête d'un État, d'un gouvernement ou d'un ministère les obligent. Devenus hommes de pouvoir, et ne se disant pas, que l'on sache, hommes de paille, ils ne peuvent s'affranchir ni se sentir quittes de l'erreur, de la crise ou du drame qu'aurait provoqués leur administration, celle qu'ils commandent et contrôlent, et dont ils nomment eux-mêmes les hiérarques.

Après tout, l'engagement politique étant facultatif, ceux qui exercent ce genre de fonctions devraient savoir qu'elles répondent à des exigences qui dépassent celles du droit du Travail, du statut de la Fonction publique et du Code pénal.

Être innocent, n'avoir soi-même rien fait de répréhensible ou de dommageable, et malgré tout en porter la charge.

N'être pas coupable, mais tout de même comptable. Rançon – et grandeur aussi – de la fonction politique.

Tu parles ! Le gros dos, plutôt ; la défausse, avant tout. Mettre en jeu son rang pour la connerie d'un préfet, son fauteuil pour l'impéritie d'un directeur d'administration centrale, sa carrière pour la bévue d'un membre de son cabinet, c'est trop bête, non ? Oui, c'est trop bête et d'ailleurs, nul n'y songe plus.

Où l'on voit ainsi, par parenthèse, le maigre avantage à avoir une classe politique pour l'essentiel issue de l'énarchie et des grands corps de l'État. Après tout, appartenir à l'Inspection des Finances, au Conseil d'État ou à la Cour des Comptes pourrait donner à leurs membres une assurance de parachute et, partant, une liberté d'esprit et d'attitude sans pareille : de quoi assumer avec panache, mais sans héroïsme superflu, les risques de leurs fonctions. Même pas. À croire que les grands corps les ont contaminés de cette quiétude que confère le statut de la haute fonction publique.

On l'a compris : nos « responsables » (sic) politiques sont incapables – une maladie du caractère, toujours – de se sanctionner eux-mêmes quand ils sont, fût-ce contre leur gré, fût-ce à leur insu, au centre sinon à la tête d'une spectaculaire défaillance publique.

Si vous avez aimé la litanie des « sauve-qui-peut » en tous genres de ce début de chapitre, vous adorerez les deux histoires qui vont suivre. Dans la première, l'un de nos héros ne jurera que par la responsabilité politique pour s'affranchir de menaces pénales ; l'autre, dans la seconde, mettra au contraire son sort dans les mains de la justice pour mieux fuir toute responsabilité politique. Il est vrai que Laurent Fabius n'était plus Premier ministre quand il eût à répondre – 14 ans après les faits – de l'affaire du sang contaminé. Tandis que Lionel Jospin était bel et bien à Matignon quand il dût affronter l'affaire des paillotes corses. Deux techniques, deux cas d'école à usage de tout apprenti gouvernant à la mode française pour un même objectif : n'être finalement comptable de rien.

Admettons. Admettons donc – dans l'affaire du sang contaminé – que la responsabilité pénale de Laurent Fabius, de Georgina Dufoix et d'Edmond Hervé ne soit en rien, comme ils le disent, engagée. Admettons qu'aucun de ces trois hauts responsables politiques n'ait eu, dans ce scandale à 4000 morts, la moindre part, de son propre fait, qui l'engage personnellement et donc pénalement. Un préalable exigeant mais conforté par la décision de la Cour de Justice de la République : relaxe pour Laurent Fabius et Georgina Dufoix, condamnation sans peine (ah, les délices de la justice parlementaire !) pour Edmond Hervé.

On ne va pas, ici, refaire le procès. Ni se demander à nouveau si Laurent Fabius a heureusement agi, ou trop tard, en décidant le 19 juin 1985 le dépistage obligatoire des donneurs ; si les préoccupations industrielles et économiques pour protéger le test Pasteur contre son concurrent américain Abbott ont joué un rôle et lequel ; si « la faible implication sur ce dossier de Georgina Dufoix et le comportement étrangement apathique d'Edmond Hervé », pour reprendre le réquisitoire du procureur Jean-François Burgelin, pourtant hostile au renvoi des ministres devant la CJR, ont été directement la cause de la mort de combien de transfusés ou d'hémophiles.

On ne va pas non plus revenir sur le rôle, dans cette affaire, des cabinets ministériels. Ceux-ci, à en croire notamment Edmond Hervé, auraient agi sans l'en tenir informé, ce qui l'exonérerait de toute implication personnelle. Tout juste pointerons-nous l'aplomb de pareil alibi. Car enfin, le cabinet ministériel, qui n'est, aux yeux du droit constitutionnel, qu'une équipe fantôme sans existence, tire dans les faits sa toute puissance de ce que ses membres représentent, comme si c'était lui, le ministre qu'ils servent. Ce qu'ils disent, recommandent, décident, c'est leur patron qui est censé le dire, le recommander, le décider. Faudrait-il donc admettre, dans le cocasse état de droit qui est le nôtre, qu'on puisse tenir son pouvoir du seul fait qu'un ministre vous a choisi, mais n'engager en rien, à l'heure des pépins, ledit ministre ? Pratique, ma foi, et original... Passons.

On ne va pas, enfin, rentrer dans ces discussions, alimentées par une pléiade d'intellectuels et de juristes, qui ont enjolivé, en février 1999, le procès des trois ministres devant la Cour de Justice de la République. Les Alain Minc [5], Jean-Claude Casanova (directeur de la revue *Commentaire*), Olivier Mongin (directeur de la revue *Esprit*), Pierre Nora (directeur de la revue *Le débat*) [6], Robert Badinter [7] et d'autres encore y allèrent tous de leurs solennels avertissements. En très gros : démêler l'écheveau complexe des processus de décision dans l'appareil d'État et en tirer une éventuelle qualification pénale relève de l'impossible –

5. *Le Monde* du 22 janvier 1999.
6. *Le Monde* du 29 janvier 1999.
7. *Le Nouvel Observateur* du 4 mars 1999.

et d'autant plus que les risques de l'anachronisme (juger des faits datant de 1985 avec des connaissances sur le sida de 1999) sont immenses ; mettre à tout prix du pénal dans l'action politique, c'est rendre les armes à l'idée de vengeance, de victimes expiatoires, de boucs émissaires (ce qui est sans doute vrai, à ce détail près que trente autres personnes, non politiques, ont été mises en examen dans l'affaire); confondre la responsabilité politique et la responsabilité judiciaire, c'est injurier le Code pénal[8] et courir les plus grands risques. Risques de débordement : à quand un ministre jugé coupable de n'avoir pas pris de mesures plus radicales contre l'alcool au volant, grand tueur sur les routes ? À quand un autre puni pour avoir donné son autorisation à la mise sur le marché d'un médicament qui se révèlerait fatal ? Et risques de « judiciarisation » de la vie politique où, sur plainte, n'importe quel juge pourrait avoir son mot à dire sur l'opportunité de n'importe quelle décision gouvernementale, voire sur le sort du premier ministre venu.

Que de cauchemars en perspective, en effet. Devant tous ces bons arguments et l'autorité de

---

8. Article 121-1 du nouveau code pénal : « Nul n'est responsable pénalement que de son propre fait. »

leurs avocats, on ne peut que se rendre. D'ailleurs, nous l'avions admis d'emblée. Foin de toute responsabilité pénale, Laurent Fabius, Georgina Dufoix et Edmond Hervé se réclamaient de la seule responsabilité politique. C'est donc à cette seule aune-là que nous allons apprécier leur comportement de responsables.

Regardons, donc. Ce sera vite fait. Il n'y a rien à voir. Strictement rien.

En 1983, le 20 juin, le gouvernement, via la Direction générale de la Santé (DGS), prend une circulaire sur la sélection des donneurs. Il s'agissait d'écarter du don du sang les populations à risques (homosexuels, drogués, prostituées...) pour ne pas contaminer les lots. C'est donc que le gouvernement, sans discussion aucune, avait conscience du danger, n'est-ce pas ? Sauf qu'il n'appliquera jamais cette directive et qu'il ne mettra rien en œuvre pour qu'elle le soit. C'est que, voyez-vous, les homosexuels, population à risque s'il en est, et leurs associations étaient révulsés par ce texte qui les pointait du doigt, les marginalisait, les enfermait, en les excluant, dans un ghetto. C'est aussi que les médecins goûtaient peu cette intrusion administrative dans l'exercice de leur métier. Face à ces deux clientèles, l'État s'inclina. Tant pis pour la vie, la mort plutôt, de quelques milliers de mal-chanceux.

Vous en avez vu des responsables, vous, de cet État-là qui s'abstient de faire ce qu'il croit bon, nécessaire et urgent de faire, qui se renie lui-même et nuit à ceux qu'il devrait protéger ?

Mais il y a pire encore : dans le même temps que les centres de transfusion sanguine sont alertés sur les donneurs à risque, la directrice de l'Administration pénitentiaire incite les prisons à augmenter le rythme des collectes carcérales de sang. On n'y croit pas : on sait que les toxicomanes font partie des groupes à risque, on sait qu'ils représentent une part importante de la population carcérale et, six mois après que la DGS a demandé de les exclure de don de sang, on les sollicite comme jamais ! Toujours pas de responsables politiques en vue. Ni d'aucune sorte, d'ailleurs. Pas la plus petite instruction judiciaire n'a été ouverte sur cet aspect du dossier.

Faut-il encore, après ça, parler de la décision du CNTS de continuer de distribuer des produits non chauffés, que l'on sait contaminés ? Faut-il encore parler du non rappel des personnes transfusées, donc possiblement infectées, donc possiblement contaminantes ?

Résultat : sur l'ensemble des transfusés contaminés par le VIH dans toute l'Europe, 56% sont
Français. Et un hémophile sur deux est contaminé
(7% en Belgique...). Il doit bien y avoir des raisons
à cette faillite de notre système de santé publique.
Des raisons, sans doute. Mais des responsables,
aucun. Pas un ministre, dans ces années-là, qui ait
démissionné. Pas un ministre qui se soit souvenu
que «l'État est détenteur des pouvoirs de police
sanitaire[9]». Pas un qui se soit senti comptable de
sa débâcle. C'est peu, pour un trio qui ne jure que
par la responsabilité politique.

On rétorquera que Laurent Fabius, notamment, outre son tourment personnel, a payé cette
affaire au prix fort auprès de l'opinion. Ce serait
confondre entre «être tenu pour responsable» et
«se sentir responsable»; entre porter malgré soi
une responsabilité et, de son plein gré, en assumer
une.

Morale de l'histoire : le contresens commis par
l'opinion sur la bonne formule de Georgina Dufoix n'en était pas un. Il en révélait seulement le
sens caché : responsable mais pas coupable signi-
fiait bien intouchable. L'idée, jamais, n'effleure
nos gouvernants qu'ils peuvent mettre fin à leur

---

9. Code de la Santé publique.

pouvoir d'eux-mêmes. Fût-ce par simple décence, à défaut de devoir.

Avec l'affaire de l'incendie criminel des paillotes corses, c'est tout pareil. Mais par une voie radicalement inverse. Cette fois, voyez le jeu de boneteau, on s'affranchit d'autant plus de toute responsabilité politique que l'on se met bien volontiers entre les mains de la justice, laquelle aura à se prononcer sur votre éventuelle culpabilité pénale. Improuvable, bien sûr. Et même improbable.

« Est-ce que vous croyez vraiment que cela a un sens, pour moi ou pour ceux qui travaillent avec moi, de demander à un préfet de région de demander à des gendarmes de brûler une paillote ? Tout cela n'a aucun sens. » Lionel Jospin joue sur du velours [10]. Évidemment qu'on le croit ! Évidemment qu'il n'a pas donné cet ordre imbécile ! Évidemment qu'on est tout prêt à partager son désarroi quand il confesse : « Je ne sais pas ce qui s'est passé. »

L'affaire n'en est pas moins grave. Pensez, cinq officiers de gendarmerie, sur instruction du chef de la Légion de gendarmerie de Corse, le colonel

_____
10. TF1, le 4 mai 1999.

100

Henri Mazères, et sur ordre du préfet de région [11], qui vont mettre le feu à un restaurant de plage, chez Francis, ça fait sale, toute illégale soit la présence de ladite paillote! Les forces de l'ordre, celles-là même qui étaient chargées d'assurer la reconquête de l'état de droit en Corse, qui jouent aux incendiaires nocturnes pour le compte de l'État! Et qui, le ridicule s'ajoutant à la honte, se font prendre et confondre comme des gamins – on y verra la preuve, par parenthèse, que là comme ailleurs l'entraînement et la force de l'habitude, il n'y a que ça de vrai, ce que démontrent tous les jours les insaisissables plastiqueurs autochtones et autres mitrailleurs indigènes de bâtiments publics.

Bref, c'est toute la politique corse de Jospin qui vole en éclats. Lequel Jospîn connaît sa plus importante crise politique en cinq ans de pouvoir. Ah oui? Et pourquoi diable? Il n'y est pour rien, il l'a dit. Une enquête est ouverte, il y tient. Il est blessé, on le sait. Mais il garde la tête froide, qu'on le sache. Et les mains propres par dessus le marché, qu'il se lave consciencieusement.

---

11. C'est, malgré ses dénégations, et en attendant le verdict de l'appel, ce qu'a jugé le tribunal correctionnel d'Ajaccio en janvier 2002 qui condamne le préfet Bonnet à trois ans de prison dont un an ferme et trois ans d'interdiction de ses droits civils et civiques.

« Aucun des responsables de l'État – Premier ministre, ministre de l'Intérieur, ministre de la Défense – n'est en quelque façon que ce soit intervenu dans ces événements », assène-t-il sans craindre la contradiction interne. « Responsables de l'État », dit-il curieusement dans le même temps qu'il fuit toute responsabilité dès que l'État faute, que le bras séculier, policier et militaire, de l'État déchoit, que le pouvoir régalien de l'État, l'essence de son autorité, la chaîne de son commandement dérapent gravement.

Du coup, tout s'éclaire : les « responsables de l'État » ne le sont, responsables, que quand l'État est bon, miséricordieux, dispensateur de largesses et de bienfaits. De cet État-là, oui, ils en sont responsables. Pas du méchant, pas du fautif, pas du nocif. Pas ça, pas eux !

Belle âme, propre, transparente et tout, Lionel Jospin, ainsi érigé en responsable de l'état de Bien, ne va pas en rester là. Le Premier ministre reste un homme, politique de surcroît. À gros scandale, il faut répondre gros : en l'occurrence – preuve de son innocence – se livrer sans crainte ni retenue, pieds et poings liés, à trois juges impitoyables.

À la justice elle-même, on l'a dit, à qui l'on souhaite bien de la chance pour trouver dans quelque tiroir de préfecture un ordre de mission, dûment signé du Premier ministre, ordonnant de mettre le feu à tous les restaurants de plage et, pourquoi pas, leurs propriétaires au milieu...

À l'opposition, ensuite, cette opposition qui crie à l'affaire d'État quand il ne s'agit, pour Jospin, que d'« une affaire de l'État », une subtilité sémantique pour signifier que l'État n'a rien à y voir. Que l'opposition, donc, y aille de sa motion de censure, il ne se dérobera pas. D'autant moins qu'étant majoritaire à l'Assemblée, son sort n'est pas gravement menacé.

À l'opinion, enfin, dont il attend le jugement. Soumettre sa responsabilité politique au trébuchet d'un ou deux sondages, quelle bonne idée très faux chic démocratique ! Devinez ce qu'elle pense, l'opinion. Oh certes que tout cela n'est pas très bien, que le rôle de l'État n'est assurément pas de jouer avec des allumettes, mais enfin il n'y a pas mort d'homme, ce n'est pas le Rainbow Warrior. Et puis les fortes têtes corses commencent à l'énerver, l'opinion. Pour tout dire, elle a toutes les complaisances pour le préfet Bonnet et son équipe de boutefeux. Et pour tout dire, elle n'en voudrait pas vraiment à Jospin s'il s'avérait être le cerveau de l'opération plages propres. Mais on s'égare. Il n'y est strictement pour rien. Et s'il y était un peu pour quelque chose – c'est quand même lui qui a nommé Bonnet préfet de Corse –, ce ne serait que pour très, très peu : « La responsabilité, sussure-t-il, est partagée par ceux qui exercent les décisions. » Suivez son regard : Chirac qui a approuvé la nomination du préfet en conseil des ministres.

On résume : pas responsable du tout, de rien. Et pour ce qui reste, pas responsable lui puisque responsables tous, président de la République compris. C'est au milieu de ce vide sidéral que se niche toute l'idée que se fait le Premier ministre de la responsabilité politique. Sidérant.

Et pourtant, pourtant, ce préfet que l'on renie trois fois bien avant que le coq ait chanté, on l'a tellement aimé ! On l'a choisi, on l'a loué, on l'a accompagné, on l'a suivi, on l'a choyé. Et puis lâché comme si rien de tout ça n'avait existé.

« Le Premier ministre, écrit Olivier Schrameck, s'était d'emblée persuadé que le suivi des affaires de la Corse relevait non du seul ministère de l'Intérieur, gardien de l'ordre public, mais de l'inter-ministérialité qui ne pouvait être assurée qu'à son niveau avec l'appui de son cabinet (...). Autrement dit, le ministère de l'Intérieur ne pouvait être regardé comme le ministère de la Corse et le préfet de la Corse était, là comme ailleurs, le représentant de l'ensemble du gouvernement et plus particuliè-rement du Premier ministre.» Difficile de mieux dire le suivi sourcilleux de Matignon et la relation spécifique entre le Premier ministre et son préfet en Corse. Une intimité qui ne s'affaiblit pas, on l'ima-gine, quand, après l'assassinat du préfet Erignac, un successeur lui est donné.

Ce sera Bernard Bonnet, un homme à poigne, proposé par Jean-Pierre Chevènement qui voit en lui «l'homme qu'il faut là où il faut».

On ne dira rien, ici, de son action sur place pour ne nous intéresser qu'à ses contacts avec Paris. Ils sont constants, quotidiens, innombrables, tous les témoignages concordent. «En présence d'Alain Christnacht (conseiller pour les affaires intérieures), j'ai rencontré M. Bonnet en moyenne tous les deux mois (...), raconte le directeur de cabinet de Lionel Jospin. Plusieurs de nos entretiens ont précédé des rencontres avec le Premier ministre lui-même (...). M. Bonnet voyait bien plus fréquemment le minis-tre de l'Intérieur et plusieurs membres de son cabi-net.» Extrait du témoignage de Philippe Barret, conseiller de Jean-Pierre Chevènement, devant la commission d'enquête de l'Assemblée nationale : «Le préfet de région n'avait pas, comme on l'a écrit "carte blanche" (...). Peu de préfets de région, sans doute même aucun, ont eu des contacts aussi fréquents avec les cabinets, les ministres, le ministre de l'Intérieur et le Premier ministre lui-même (...). Il m'a été donné d'entretenir des relations permanentes avec le préfet Bonnet. Celles-ci ont pris la forme d'une vingtaine d'entretiens de février 1998 à mai 1999, soit en tête-à-tête, soit en présence du directeur de cabinet et de son adjoint, soit auprès du ministre. Nos contacts téléphoniques étaient beaucoup plus fréquents, presque quotidiens.» Et que dire de ceux entre Bonnet et Clotilde Valter, conseillère technique au cabinet de Jospin chargée notamment du dossier corse. Clotilde Valter dont Alain Christnacht dira devant la même commission d'enquête qu'«elle a ses méthodes de travail qui passent beaucoup par le téléphone : elle rappelle, elle veut avoir des précisions, elle ne laisse rien dans l'ombre. C'est quelqu'un d'extrêmement perfectionniste».

Bonnet, on le voit, était en de bonnes et nombreuses mains. «J'ai été constamment encouragé dans mon action par le gouvernement», écrit le préfet dans son livre-plaidoyer [12]. Et même expli-

___

12. *À vous de juger. Contre-enquête sur une affaire d'État en Corse*, Flammarion, septembre 2001.

citement soutenu par un communiqué officiel de Jospin. Une fois le 14 septembre 1998. Une autre le 13 février 1999... Deux mois avant qu'un incendie, dans la nuit du 19 au 20 avril 1999, rende amnésique le Premier ministre. La suite ne fut, probablement, pour Jospin, qu'un pénible travail de deuil : enfouir le réel, oublier quelle main a fait de Bonnet le préfet de Corse, chasser de son esprit l'implication quotidienne de l'équipe gouvernementale dont il est pourtant le chef, se sentir libre en se convainquant de n'avoir pas été lâche. Alors, un jour, il dit : « Contrôler les gens et leur santé mentale ne correspond pas à mon style. » Un autre, devant l'Assemblée corse : « La politique qui a été suivie depuis 18 mois dans son ton et dans son style n'a pas été celle que je souhaitais. » Avant de trancher : « Cet homme a disjoncté [13]. »

Bref, si l'on comprend bien, un dingue se cachait sous l'habit du préfet, mais aucun de ses « officiers traitants » quotidiens, tous ministres ou membres de cabinet, ne s'en était aperçu. Fâcheux, vraiment fâcheux, un tel manque généralisé de perspicacité psychologique. Inquiétant, vraiment inquiétant que l'on nomme n'importe qui, n'importe comment, n'importe où. C'est pourtant ce

---

13. *Le Monde* du 13 janvier 2000.

qu'a à peu près confirmé, pour mieux défendre l'innocence de son maître, le président de l'Assemblée nationale, Raymond Forni [14] : si vous vous imaginez qu'on connaît tous ceux qu'on nomme à tour de bras à chaque conseil des ministres ! On en apprend des choses...

D'autant qu'à ce «cas psychiatrique» l'État ne s'est pas contenté de prodiguer un accompagnement politique de tous les instants. Il lui a donné une arme forgée tout spécialement pour lui. En juillet 1998, le major général de la gendarmerie signe une circulaire créant une unité militaire d'élite et d'exception : le GPS, pour Groupe de Pelotons de Sécurité. Que Bonnet ait pu disjoncter dans sa tête, soit. Mais s'il a pu passer à l'acte, c'est qu'on lui en avait donné les moyens. Des actions et exactions de ce GPS créé par lui, le gouvernement ne se sentira pas davantage responsable.

Ni Lionel Jospin.

Ni Alain Richard, le ministre de la Défense, dont dépendait le GPS. (Le même, d'ailleurs, ne se sentira pas davantage responsable, en décembre 2001, d'avoir sans réagir laissé monter la colère des gendarmes, au point que 24 000 d'entre eux,

_____
14. *Europe 1*, le 20 novembre 2001.

en une semaine, manifestaient en uniforme dans tout le pays. Une situation inédite, une autorité de l'État bafouée au cœur, mais un ministre de la Défense impavide.)

Ni Jean-Pierre Chevènement, le ministre de l'Intérieur qui assure la tutelle des préfets. Ce dernier, pourtant vite atteint d'un prurit démissionnaire récidivant, avait sans doute oublié le principe républicain qu'avait claironné en 1995[15] un certain Chevènement Jean-Pierre : « En République, un homme politique est toujours responsable de ce qui se passe sous son autorité. » Pas de responsabilité, pas d'autorité, pas de République. Une simple malheureuse affaire d'exécutants dont les chefs sont introuvables.

Mais pourquoi diable voulez-vous qu'un ministre, fût-il Premier ministre, se sente responsable et comptable de quoi que ce soit ? Qu'il prenne au sérieux sa fonction ? Qu'il se sache obligé par quelques principes élémentaires de l'idée démocratique ? Pourquoi serait-il plus royaliste que le roi, plus rigoureux, plus scrupuleux, plus respectueux

---

15. À l'occasion de l'affaire Schuller-Maréchal, qui empoisonna Édouard Balladur et son ministre de l'Intérieur, Charles Pasqua.

de l'honneur que le président de la République lui-même ?

La dissolution de l'esprit de responsabilité vient de haut, en effet. De l'Élysée même : quand on y est, il faut y rester, à tout prix, même démuni de pouvoir, même nu. Ce fût le cas, très virtuellement, de Valéry Giscard d'Estaing qui avait prévenu qu'une défaite électorale aux élections législatives de 1978 ne lui ferait pas quitter sa fonction – tout juste l'aurait-elle incité à déménager à Rambouillet. Ce fût le cas, réellement cette fois, et à deux reprises, pour François Mitterrand. C'est plus encore le cas pour Jacques Chirac. Au moins le camp politique de son prédécesseur socialiste avait-il été battu lors d'échéances législatives venues à leur heure. Jacques Chirac a fait plus fort : dissoudre une Assemblée nationale à sa main par pure convenance politique et perdre son pari en même temps que sa majorité. Ce n'était pas une défaite ordinaire, c'était un désaveu. L'héritier du gaullisme n'a néammoins pas vu trop d'inconvénients à rester dans ses meubles, confiné pendant cinq ans dans le seul magistère de la parole.

De Gaulle aurait apprécié, ce vieil homme d'une époque révolue où la responsabilité politique était affaire d'honneur et de tripes.

La peur des juges
ou le blanchiment démocratique

Ce n'est pas, il s'en faut, l'une de ces grandes affaires qui font trembler la République. Juste une toute petite histoire, mais qui a valeur de fable. Le 25 avril 1998, Maxime Gremetz, député communiste de la Somme, sous l'effet d'une colère que l'on présume juste, fonce en voiture, sans néammoins faire de blessés, sur un groupe de personnes, dont un gendarme, réunies lors d'une cérémonie officielle près d'Amiens, et fait le coup de poing contre les téméraires qui essaient de le ramener à la raison.

Saisie, la justice suit son cours. Jusqu'à la Cour de cassation qui, le 27 juin 2001, rejette son pourvoi, rendant ainsi exécutoire le jugement en appel qui condamnait le député à trois ans de prison avec sursis et à deux ans d'inéligibilité. Et que font, à l'annonce de cette décision, les honorables députés de l'Assemblée nationale ? Ils interrompent carrément (pas tous, il est vrai) leur travail parlementaire, en signe de solidarité avec leur collègue.

L'indépendance de la Justice, c'est bien pour les tréteaux publics, mais faut pas pousser, n'est-ce pas ? Quand elle sévit contre un des leurs, ils n'y voient qu'inféodation du législatif au judiciaire. Et tous ces législateurs de s'indigner que la loi qu'ils votent pour le vulgum pecus puisse s'appliquer... à eux-mêmes. De tous bords, les personnalités politiques y vont de leur pétition en faveur du malheureux collègue. La décision de justice qui le frappe est qualifiée d'injuste, disproportionnée, inadmissible, honteuse, on en passe.

Ce comité de soutien s'enrichit d'un prestigieux témoin de moralité : Alain Juppé. L'ancien Premier ministre, toujours présumé innocent dans l'affaire du financement illégal du RPR qui lui vaut une mise en examen, ne manque pas, d'une certaine manière, de courage : il se moque bien de conforter l'opinion déjà répandue que, face à la justice, les politiques se tiennent les coudes dans un corporatisme de mauvais aloi. C'est trop grave. C'est d'une atteinte à la démocratie qu'il s'agit, rien de moins.

De Gremetz à Chirac, on change de domaine et d'échelle. Bon, on ne va pas revenir ici sur les soupçons qui assaillent le chef de l'État tous azimuts : mairie de Paris, RPR, marchés d'Ile-de-France... Ni sur le feuilleton juridique de son statut : doit-il témoigner, ne pas témoigner... On dira juste un mot de ses frasques vacancières. Étant établi qu'il a payé nombre de ses séjours exotiques à coup de liasses, et peut-être pour tuer l'idée que cet argent liquide pouvait être de l'argent sale, le président lui-même dévoile son origine : il s'agissait du reliquat – quelque 380 000 euros (2,5 millions de francs) tout de même! – de fonds secrets qu'il avait reçus quand il était ministre et qu'en fourmi précautionneuse il avait thésaurisés des années durant. Autrement dit, de l'argent propre, quoique noir en ce qu'il échappe à toute règle, tout contrôle, toute déclaration au fisc. Mais ça – pouce! – c'est le statut même des fonds secrets dont profitent tous les hommes au pouvoir, une «tradition républicaine», paraît-il. Ainsi appelle-t-on volontiers les faveurs que l'État s'autorise à lui-même quand il les réprime sévèrement chez les autres. Jacques Chirac parlera d'«une tolérance considérée comme normale». Ah oui? Et par qui? Sinon, continûment depuis des décennies, par lui et tous ceux, comme lui, qui en profitent ? Il faudra cette affaire pour que, bien incapable de justifier cet argent noir de l'État, Lionel Jospin se résigne à mettre fin à ce régime de valises ministérielles de billets. Mais fermons la parenthèse.

L'alibi des fonds secrets avancé par Jacques Chirac n'est peut-être pas très reluisant, mais c'en est un, et tout ce qu'il y a de plus légal, même. Le chef de l'État aura beau jeu, du coup, lors de sa prestation télévisée du 14 juillet 2001, de s'indigner des mauvais procès qui lui sont faits, évidemment par pure malveillance politicienne. Et de s'ériger très colère contre cette atteinte à la dignité de l'État doublée d'une mise en cause du statut présidentiel.

Diable ! Atteinte à la démocratie dans l'affaire Gremetz, atteinte à l'État dans le cas Chirac, les grands mots sont de sortie. On serait tout prêt à défendre la patrie en danger si ces cris d'alarme n'étaient réduits à rien par deux bouts de bon sens. Car ce qui nuit à la démocratie, ce qui porte atteinte à la dignité de l'État, ce ne sont pas les investigations, les poursuites, les procès des juges, non plus que les questions gênantes. Rien de tout cela n'existerait si n'existaient d'abord des faits répréhensibles, en l'occurrence avérés. C'est parce que Maxime Gremetz s'est mal conduit, c'est parce que Chirac a payé ses vacances avec des fonds publics – et le fait qu'ils soient secrets n'empêche nullement qu'il s'agisse d'un cas avoué d'enrichissement personnel – que leur personne, leur statut, leurs fonctions sont atteintes, pénalement ici, moralement là. On s'excuse de cette toute simple question : le mieux, au fond, ne serait-il pas de ne pas susciter, nourrir, alimenter ces épouvantables attaques qui attentent à la République et à la Démocratie réunies ?

Laissons là Gremetz et son coup de sang qui ne nous ont servi qu'à illustrer quelques désolants réflexes politiques. Mais restons, bien obligé, sur ces affaires financières qui sont le cauchemar des politiques – de quelques-uns, en tout cas. Vous les entendez dire qu'ils ont confiance dans la justice de leur pays ? N'en croyez rien. Les juges, leurs auditions, leurs perquisitions, leurs mises en examen, ont peut-être contraint les politiques à refouler dans leur cerveau reptilien leur culture de l'impunité, mais ce cerveau-là bouge encore.

Il faut les entendre, encore aujourd'hui, justifier leurs vilénies (on l'espère) passées, perpétrées avec force sociétés d'études bidon et autres machines à racket, à commissions, à chantage pour l'obtention de marchés publics. Une vraie cour de récré où ces grands garçons, sur le mode du « y a pas que moi, m'dame », se dédouanent de leur comportement parce qu'il était celui de tous. Pourquoi ont-ils triché, volé, détourné, détroussé ? Pas leur faute : il n'y avait, figurez-vous, aucune loi sur le financement de la vie politique. Alors, retenez vos larmes, il fallait bien bricoler. Car, attention, c'est le bien public qu'il fallait financer, la vie du parti, les campagnes électorales, les hauts lieux et les grands moments de la quintessence démocratique. Voilà à quoi ils en étaient réduits, les pauvres, pour servir la patrie et l'intérêt national ! Et pas le moindre enrichissement personnel, dans tout ça, jamais ! Ce qui s'appelle avoir bien mérité de l'esprit civique.

Peut-on espérer démontrer l'inanité d'un tel argumentaire, répété en boucle pour mieux bourrer les crânes ?

Il suffirait, d'abord, de s'interroger sur l'absence de loi qu'ils invoquent comme excuse absolutoire : n'était-ce pas tout bêtement à eux de la voter, cette loi ? On plaint ces esprits schizophrènes que leur propre carence législative a obligés si longtemps à se conduire, bien malgré eux, en écumeurs de liasses.

Il faudrait, ensuite, se demander en quoi l'absence d'une loi spécifique sur le financement politique rendrait plus acceptable le viol de lois générales qu'ils ont, elles, bel et bien votées et qui constituent ce que l'on appelle le Code pénal. La corruption, la concussion, le détournement de fonds, le trafic d'influence, l'ingérence, le prélèvement indû de pourcentages, le détournement de marchés, l'abus de biens sociaux, autant de délits décrétés répréhensibles et punissables par le législateur mais qui, si l'on comprend bien, ne devraient pas l'être pour lui ou ceux qui aspirent à le devenir? Car naturellement, ils le savaient bien qu'ils violaient les lois – à preuve ces documents qui figurent au dossier d'Urba, la structure racket du PS, recommandant d'«éviter les correspondances qui laissent des traces». Naturellement, ils le savaient qu'ils truquaient systématiquement les marchés publics français et que, rançonnant les entreprises, ils faisaient finalement les poches des contribuables.

Il faudrait encore s'entendre sur la notion d'enrichissement personnel, cette ligne jaune au-delà de laquelle les politiques reconnaissent bien volontiers – admirez la grandeur d'âme! – que leur tricherie ne serait plus valable. Châteaux et piscines sont rares, en effet. Grands restaurants, grand train et transports de haut vol déjà plus courants, mais ne chipotons pas. Et regardons plutôt à quoi sert l'argent politique. À quoi, sinon à entretenir des équipes, à financer des campagnes, à promouvoir des candidats ? L'argent ne fait certes pas une élection, mais en avoir, et si possible plus que son adversaire, ne gâche rien. Et une élection, c'est un job, un traitement, des avantages, une mutuelle, une retraite. On peut ne pas appeler ça de l'enrichissement personnel. C'est, à tout le moins, l'achat d'une fonction, sinon d'une carrière, ce qui n'est pas permis à tout le monde.

Faisant visiblement un gros effort sur lui-même, justifiant sans approuver, condamnant sans accabler, sévère et tolérant ou l'inverse, Jean Glavany, ministre de l'Agriculture, aborde dans son livre[1] le sujet des « affaires ». Retenons cette seule forte phrase : « Je souhaite maintenant que la justice passe sereinement, fermement, qu'elle aille jusqu'au bout et qu'aucun citoyen ne puisse avoir le sentiment que les politiques sont des privilégiés, à l'abri des poursuites et des sanctions. » Bien dit ! Et cet esprit civique de poursuivre un peu plus loin sur les indemnités ou traitements, trop faibles à ses yeux, alloués aux politiques. Il ne serait pas choquant, de fait, qu'un ministre, par exemple, soit rémunéré

---

1. *Politique folle*, Grasset, octobre 2001.

comme un cadre très supérieur. Concernant les députés, il écrit : « L'indemnité mensuelle des parlementaires oscille entre 30 et 35 000 francs (...). C'est, certes, un revenu qui dépasse de beaucoup le salaire moyen, mais qui peut le juger excessif ? » Ça peut se discuter en effet, mais ce qui se discute vraiment, c'est la phrase qui suit : « Si les citoyens veulent exiger de leurs élus une honnêteté scrupuleuse, il faut les indemniser correctement. » Qu'est-ce à dire ? On a peur de comprendre : une indemnité jugée insuffisante par les élus justifierait-elle leur malhonnêteté ? Mal payés à 35 000 francs, seraient-ils en droit de tricher ? Pas d'augmentation de salaires, pas d'honnêteté scrupuleuse à exiger ? Lui serait-il venu à l'esprit, Glavany, d'écrire qu'un smicard, qu'un jeune cadre, qu'un fonctionnaire, s'estimant tous insuffisamment payés, seraient fondés à être malhonnêtes ? Le cerveau reptilien a encore frappé, quels qu'aient été ses efforts méritoires...

Toujours est-il – revenons aux affaires pour peu qu'on s'en soit éloigné – que la condamnation d'un Henri Emmanuelli, qui a eu la malchance de se trouver bêtement trésorier du PS dans ces années de brigandage généralisé, provoque l'indignation du petit milieu : ce ne sont, dans le clan socialiste, que protestations. L'homme est honnête, forcément. C'est une victime, assurément. François Hollande jure qu'il sollicitera un entretien avec Jacques Chirac pour voir « ce qu'il est possible de faire ». Seule l'opprobre publique le dissuadera d'aller plus loin dans sa demande d'amnistie. Sans qu'il voit de lui-même l'indécence de sa démarche. Sans qu'il réalise, et pas davantage ses petits camarades, les outrages faits à la loi, à l'esprit public, à la morale. Sans qu'il admette une seconde la justesse et la justice d'une sanction.

Tombé au champ d'honneur, Henri Emmanuelli n'avait pu bénéficier de l'amnistie pourtant incluse dans les deux lois sur le financement politique de 1988 et 1990 – aucune loi, décidément, n'est parfaite. Ce n'est pas que nos députés soient de piètres juristes, non, ni qu'ils rechignent à être des législateurs auto-absolvants. Mais voilà, quelques méchants chiens de garde – la presse, l'opinion – brident fâcheusement leurs tentations purificatrices. C'est toute la raison pour laquelle les socialistes n'ont pas osé inclure les parlementaires – donc Emmanuelli – dans leur amnistie légale de 1990. C'est dire qu'à l'heure de se voter des mesures sur mesure, les politiques ont intérêt à être sioux, à la jouer fine, en catimini. Nuitamment, c'est pas mal. Un petit amendement glissé discrètement dans un débat nocturne, voilà l'idéal.

Il faisait nuit, de fait, le 14 novembre 2001, quand les députés votèrent comme un seul homme l'amendement 35 réformant les pouvoirs des chambres régionales des comptes (CRC). Autant dire une quasi-amnistie. C'est que, voyez-vous, ces maudites chambres régionales des comptes empoisonnent la vie des élus qui se trouvent à la tête de municipalités, conseils généraux, conseils régionaux. Créées avec la décentralisation pour contrôler la gestion des collectivités locales, elles ont pour fâcheuse habitude de... contrôler la gestion des collectivités locales ! Ainsi accouchent-elles régulièrement de lettres d'observation, qui peuvent se transformer en sévères poulets de réprimande : Jacques Médecin, Michel Giraud, Xavier Dugoin, Jean-François Mancel, Olivier Guichard, François Bernardini, Jean-Michel Boucheron, Maurice Arreckx ou José Rossi en ont fait les frais. Agaçant.

Depuis des années, d'ailleurs, les politiques nourrissent le noir dessein que ces lettres d'observation soient soumises au Conseil d'État avant d'être rendues publiques. Voilà qui leur permettrait de "jouer la montre", vu l'embouteillage des dossiers au Conseil d'État. À moins, concoctent-ils aussi, que ces lettres soient interdites de publication six mois (contre trois aujourd'hui) avant une élection : ce serait assurément une bonne méthode pour éclairer le jugement de l'électeur !

Mais là où les choses deviennent carrément insupportables, c'est quand les magistrats financiers débusquent une «gestion de fait», autrement dit une confusion, par l'élu, entre deniers publics et cassette personnelle, au détriment, on s'en doute, des deniers publics. Alors, ledit élu est condamné non seulement au remboursement, ce qui n'a pas l'air de poser problème, mais aussi, automatiquement, à l'inéligibilité. Pas touche à mon mandat ! Où va-t-on, sans blague, si un indélicat ou un franc ripou est privé des fonctions mêmes qui lui permettent ses fraudes ? C'est vrai, ça. Avec l'amendement 35, l'affaire est réglée. Ce sera au juge pénal, désormais, de se prononcer sur l'invalidation.

Un vrai progrès, franchement : entre la saisine, l'examen du dossier, le jugement, les recours... quelques élections auront pu passer sous les ponts. Le gouvernement, tout de même embarrassé par cette variété d'amnistie proposée par le groupe socialiste, a préféré, en grand courageux, «s'en remettre à la sagesse de l'Assemblée», une expression qui veut dire «s'en laver les mains» en langage gouvernemental. Patrick Balkany, le maire RPR de

Levallois en pleine procédure d'inéligibilité, lui dit bien le merci, au gouvernement. Et trouve que la sagesse de l'Assemblée n'est en rien usurpée.

On a parlé de la vertu nocturne des procédures parlementaires. L'été n'est pas mal non plus. Ainsi, le 10 juillet 2000, une loi adoptée à l'unanimité[2] est-elle venue sensiblement réduire la possibilité de poursuivre un maire pour un délit involontaire. Sale affaire, là encore. Non pas qu'il s'agisse ici de quelconques malversations. Mais voilà, les élus locaux, qui sont aussi grands électeurs de sénateurs, bassinent leurs obligés de leur obsession : être mis en examen un jour pour des faits leur échappant personnellement, genre la chute d'un quidam provoquée par un trou dans un trottoir.

Le nombre d'élus mis en examen, en réalité, était infinitésimal, et les condamnations plus rares encore. Mais c'était trop. Les magistrats pouvaient être très compréhensifs — tels ceux qui ont relaxé le maire d'une commune poursuivi pour homicide involontaire après la mort d'un jeune écrasé par une cage de football, alors même qu'il n'avait pas donné suite aux injonctions du préfet ni aux avertissements de l'Éducation nationale quant à la

2. Loi n°2000-647.

sécurité de ces équipements [3]. Ni la rareté des poursuites, ni la mansuétude des juges n'y faisaient : une épée de Damoclès menaçait toujours la démocratie. Ainsi, poussé par un intense lobbying, fût voté le texte du sénateur centriste du Loir-et-Cher, Pierre Fauchon. Désormais, les juges devront prouver qu'il y a eu manquement délibéré à une obligation de « prudence caractérisée » ou « faute caractérisée ». Et une manière, une !, de permettre aux maires d'échapper aux poursuites, pour un trottoir mal entretenu ou un plan d'occupation des sols trop légèrement accepté en zone inondable.

Un détail encore : Lionel Jospin était farouchement hostile à pareil changement. « Je ne crois pas, disait-il, que ce serait rendre service à la fonction municipale et aux maires que de rétablir, en leur faveur, un régime dérogatoire (...). La recherche de la responsabilité pénale est un phénomène qui concerne potentiellement tous ceux qui exercent une fonction sociale – fonctionnaires de l'État, chefs d'entreprise, professions libérales. On ne doit pas introduire de distinction entre les justiciables. L'égalité devant la loi pénale est nécessaire à la confiance de nos concitoyens dans leurs élus [4]. »

---

3. *Le Figaro* du 20 novembre 2001.

4. Allocution de Lionel Jospin à l'ouverture des 5e Assises des petites villes de France, Léognan, le 14 octobre 1999.

Une forte conviction, fortement exprimée. Mais peut-être, en ce mois de juillet, le Premier ministre avait-il la tête ailleurs. Ou s'est-il laissé abuser par le faux égalitarisme de la loi. Celle-ci, de fait, ne distingue pas entre les justiciables et ses dispositions ne sont pas réservées aux seuls élus. Les chefs d'entreprise, également concernés par ces délits non intentionnels, peuvent en profiter. Mais attention au trompe-l'œil : initiée par les élus, la loi est faite pour eux. À preuve la circulaire d'application de la Chancellerie du 11 octobre 2001 qui voit dans la plupart des accidents du travail des fautes délibérées ou caractérisées. Que les chefs d'entreprise le sachent : les voilà préjugés par un texte officiel. Ils ne sont pas élus, eux, ni électeurs de sénateurs. Tant pis pour eux.

Une vraie amnistie en 1990, bien scandaleuse, et d'ailleurs bien ravageuse pour la classe politique (laquelle, en cette rare circonstance, a su montrer qu'elle pouvait braver l'opinion sans peur de lui déplaire...), une petite amnistie clandestine ensuite, des aménagements législatifs aux petits oignons... de quoi éloigner des politiques le spectre judiciaire.

Mais enfin, sait-on jamais, une confrontation avec un juge n'étant jamais à exclure, autant essayer de la rendre moins redoutable. L'idée serait de faire une loi que tout le monde applaudirait. Elle serait généreuse en garantissant mieux que jamais les libertés individuelles. Elle serait juste en mettant fin aux incontestables abus d'une détention provisoire trop systématiquement appliquée. Elle serait noble en améliorant les droits de la défense. Elle serait comme ça, cette loi, généreuse, juste et noble. Et, en plus, certaines de ses mesures – mais inutile d'insister là-dessus – seraient tout exprès concoctées pour desserrer l'étau judiciaire vis-à-vis de la délinquance financière – ce par quoi pêchent, le plus souvent, les politiques.

Cette loi existe. C'est celle du 15 juin 2001 sur la présomption d'innocence, née dans les «affaires», enrichie, amendée et votée sans opposition, la droite ne s'abstenant que pour la forme. Un vrai travail d'expert.

Revue de détail : 1/ Les nouveaux ingrédients pour échapper à la détention provisoire : un casier judiciaire vierge, des garanties de représentation (domicile fixe, emploi stable). Fortes chances, évidemment, que les politiques rentrent plus dans ces cases que le loubard de banlieue. 2/ L'interdiction, sauf charges graves et concordantes, de placer en garde à vue de simples témoins. Une disposition très pratique pour que ne parlent jamais les collaborateurs ou secrétaires des puissants, ceux qui connaissent leurs emplois du temps, leurs rendez-vous, leur correspondance. 3/ Certains délits financiers – favoritisme, prise illégale d'intérêts – échappent à la détention provisoire : celle-ci n'est dorénavant possible que pour des délits punissables de 3 années d'emprisonnement (contre deux avant cette loi). Or, ces délits financiers, comme par hasard, n'atteignent pas ce « tarif »-là. 4/ La nouvelle obligation d'informer la personne gardée à vue de son droit au silence est un autre précieux atout, empêchant ces conversations et marchandages sans lesquels il n'y a pas d'enquête efficace. 5/ L'obligation, enfin, qu'un avocat soit présent dès la première heure d'une garde à vue ne peut que rassurer les cols blancs soudain plongés dans un monde de brutes... Tout ça devrait être assez efficace, une assez bonne manière, ma foi, d'en finir avec les affaires.

C'est en tout cas diablement efficace, personne n'en doute plus, pour faciliter la vie des délinquants, caïds et criminels de tous poils. Car eux aussi, bien entendu, relèvent de cette loi éclairée. Ils en sont, si l'on peut dire, les bénéficiaires collatéraux, au prix de dommages spectaculaires. C'est ainsi qu'on a pu voir un trafiquant de drogue, pris en flagrant délit, se prévaloir d'un casier vierge, d'un domicile et d'un emploi pour échapper à la détention provisoire. Et y échapper de fait, le juge des libertés prenant à la lettre le texte de loi. Le présumé innocent, mais avéré fuyard, n'a pas jugé bon de répondre à l'aimable invitation qui lui était faite de se présenter à une prochaine convocation. Des semaines d'enquête policière ruinées et toute chance de démanteler son réseau évanouie. C'est arrivé. Ça a fait scandale. Jacques Chirac s'est ému des dysfonctionnements de la justice. Lionel Jospin itou. Un dysfonctionnement, vraiment ? Non. Les juges ont simplement appliqué un texte conçu à la base pour une catégorie bien précise de justiciables. C'est tout.

Sauf que l'opinion et les policiers n'ont aimé ni cette affaire, ni quelques autres du même acabit. Que la juste, et noble, et généreuse loi est apparue comme le symbole du laxisme judiciaire. Qu'il a fallu d'urgence désamorcer des grognes par trop menaçantes. Lionel Jospin donnait un mois au député Julien Dray pour procéder à un audit de la loi. Et retenait vite fait toutes ses propositions, en gage d'une justice mieux tenue. Quelques retouches viennent ainsi élargir les possibilités de mise en garde à vue et de détention provisoire. Voilà : une loi de circonstance, votée par des députés apeurés, et qui doit être rectifiée, un an à peine après son entrée en vigueur. Un nouvel exemple, sans doute, de la « sagesse de l'Assemblée »...

Charasse, Michel Charasse, le délectable sénateur socialiste du Puy-de-Dôme, voilà celui qui
ose dire les choses! En voilà au moins un qui laisse
parler son cerveau reptilien à cœur ouvert, si l'on
ose écrire. Et son cerveau reptilien dit que les juges
sont des emmerdeurs, de simples fonctionnaires qui
n'ont pas à s'en prendre à des élus et qu'en fusiller
quelques-uns ne serait pas de trop.

On remarquera, pour souligner la nuance de
sa pensée, que l'honorable parlementaire n'a rien
contre la justice en général, ni contre ces juges qui
passent leurs journées à taper besogneusement des
jugements. Non : c'est juste une poignée de juges
d'instruction qui le met au mieux de son état de
fureur. Et de verve, aussi, dont les saillies sont pour
la plupart lancées dans l'hémicycle du Sénat, ce qui
assure à leur auteur, aussi malin que furax, l'impunité. Ses collègues, en tout cas, bichent... Pas
tous, non, pas tous, mais au moins cette quaran-
taine de sénateurs en délicatesse avec la justice. Ou
encore le RPR Xavier Dugoin, condamné en 1999
à de la prison ferme et à trois ans d'inéligibilité
pour l'affaire des emplois fictifs au conseil général
de l'Essonne dont il était le président.

Charasse, donc, mène sa petite croisade à lui
– en pleine violation de la loi. La juge Laurence

Vichnievsky veut-elle l'entendre comme simple témoin, lui, Nicolas Sarkozy et Henri Emmanuelli, tous trois anciens ministres du Budget, pour y voir plus clair dans une affaire de financement occulte du PC et l'abandon d'un important redressement fiscal ? Il n'ira pas à la convocation. Non mais ! Et quand la même Vichnievsky, instruisant cette fois une affaire de détournement de fonds publics liés à la gestion des Hôpitaux de Paris dont Charasse avait la tutelle et dans laquelle il est intervenu à deux reprises [5], veut à nouveau l'entendre comme témoin, c'est le même niet. Re-non mais !

Pour violer ainsi la loi avec une si belle effronterie, Michel Charasse avance un noble et louable argument : la séparation des pouvoirs. Un bien beau principe qui veut que chacune des trois fonctions − légiférer, gouverner, juger − soit respectueuse des autres. Et que, dans l'esprit de Charasse, le pouvoir judiciaire ne vienne pas mettre ses pattes dans le pouvoir exécutif. Sauf qu'en l'occurrence, il ne s'agit en rien de ça : simplement du fait qu'un homme qu'on veut entendre comme témoin refuse de témoigner. Alors qu'évidemment, tout ancien ministre qu'il est, aucun texte ne lui accorde aucun statut particulier.

---

5. *Le Point* du 17 décembre 1999.

On s'étonnera en outre que cet intransigeant servant de l'esprit des lois n'ait pas relu Montesquieu quand il était sénateur (pouvoir législatif) en même temps que conseiller de François Mitterrand dûment domicilié à l'Élysée (pouvoir exécutif).

Tenir les juges en respect, ne pas les lâcher de l'œil, leur faire un discret mais continu procès en suspicion... On ne sort pas si facilement de décennies d'une impunité assurée, dira-t-on. On a du mal, n'est-ce pas, à rentrer dans le rang de justiciables (presque) ordinaires soumis à des lois communes. Alors, on se cabre, on fait donner ses anticorps, on crie à l'« acharnement judiciaire » qui ne va pas, en outre, sans « lynchage médiatique ». Les pauvres chats, en animaux d'estrade, adorent les articles dans les journaux, mais se voudraient, à l'heure des soupçons, de petites bêtes anonymes. Publiques leurs fonctions, publique l'influence qu'ils peuvent trafiquer, publique la confiance dont ils peuvent abuser, publics les pouvoirs qu'ils peuvent détourner, mais privés devraient rester leurs ennuis. Reconnaissons-le : quand ils sont pris dans une affaire, les hommes politiques bénéficient moins que d'autres de la présomption d'innocence. Comment faire, sinon n'être pas soupçonnable ? Ou changer de métier.

Ils peuvent certes, ici ou là, se plaindre à bon droit du mauvais fonctionnement de la justice, les délais trop longs, la dureté des interrogatoires, les fautes de procédure, la violence d'une garde à vue, l'anomalie, pour un même justiciable, d'avoir pour juge d'instruction dans une affaire le magistrat qui était procureur dans une précédente... On ne s'en réjouit pas pour eux. Tout juste notera-t-on qu'ils découvrent enfin les failles et défaillances d'un système judiciaire dont ils se souciaient peu quand il ne s'appliquait qu'aux autres.

Mais alors, je ne vous dis pas l'allégresse générale quand une affaire impliquant l'un des leurs se conclut par un non-lieu ou une relaxe. C'est champagne pour tout le monde. La preuve du fameux acharnement judiciaire. La preuve qu'un juge, petit, forcément petit juge, a voulu se payer leur tête à bon marché, par bravade, militantisme ou volonté de jouissance médiatique – ce qui, de fait, peut arriver.

Un non-lieu pour Michel Roussin? Champagne. Des pans entiers d'une instruction annulés pour fautes de procédure? Champagne. La relaxe de Robert Hue dans l'affaire Gifco, du nom de ce bureau d'études proche de la mouvance communiste, où il était jugé pour financement occulte du PC par la CGE? Champagne, encore. Le parti communiste, qu'on se le dise, ne se finance, outre les contributions publiques et les dons de ses militants, que par la vente du muguet... Et ne parlons même pas de la relaxe obtenue fin novembre 2001 par Dominique Strauss-Kahn, carrément érigée en symbole de l'innocent piétiné par une méchante coalition de juges.

Ou plutôt si, parlons-en. DSK, c'est un cas d'école. L'histoire d'un séducteur surdoué qui se trouve presque au même moment – mauvaise conjonction astrale, probablement – pris dans trois gênantes affaires. Il est d'abord mis en examen pour faux et usage de faux dans l'affaire de la MNEF : la question était notamment de savoir si les 600 000 francs touchés par DSK en tant qu'avocat-conseil correspondaient bien à la réalité d'un travail, à savoir la mise en contact de la Mnef et de la CGE ; et si les documents liant DSK à la Mnef étaient vrais. Il est ensuite mis en examen pour recel d'abus de biens sociaux, sa secrétaire ayant un temps été payée par Elf. Il est enfin soupçonné de trafic d'influence pour une substantielle remise fiscale accordée au couturier Karl Lagerfeld, et allez savoir si elle n'est pas sans lien avec l'explosive cassette Méry, mettant en cause Chirac et le RPR, remise à DSK et qu'il aurait égarée sans l'avoir regardée. Ouf! Disons que cet homme-là est aussi un surdoué du pétrin et des embrouilles en tous genres.

Mais enfin, ses petites affaires s'arrangent l'une après l'autre : ici, dans l'affaire Lagerfeld, il échappe à la Cour de justice de la République, les charges étant jugées insuffisantes ; là, dans le volet Elf de ses ennuis, il bénéficie d'un non-lieu. Le 7 novembre 2001, enfin, il est relaxé dans l'affaire Mnef, non sans que le tribunal critique le juge d'instruction et le parquet coupable d'avoir mené la procédure jusqu'au procès, quand elle aurait dû, bien avant, se conclure par un non-lieu. Le rêve. L'innocent blanchi et la justice, de son propre aveu, coupable. Le rêve absolu.

De tous bords, les politiques s'en emparent avidement : l'occasion est trop bonne, on en convient, pour instruire contre les juges un procès en illégitimité dès qu'ils s'en prennent à eux.

La relaxe de DSK serait d'abord la preuve par neuf d'une justice folle, faisant n'importe quoi et finissant par se planter. Qui ne voit la perversité intrinsèque d'une telle démonstration ? Faudrait-il donc, pour que la justice soit censée bien fonctionner, qu'une mise en examen aboutisse toujours à une condamnation ? Qu'un mis en examen en début de procédure fasse toujours un coupable à son terme ? Ce serait évidemment méconnaître le rôle de l'instruction qui est justement de vérifier la réalité ou la gravité des faits qui ont conduit à la mise en examen. On s'excuse de rappeler à notre petite classe politique que, non, la justice qui ne connaîtrait que des coupables ne serait pas parfaite – elle serait même le contraire d'une justice. Et que, non, la justice qui reconnaît l'innocence n'en est pas pour cela mauvaise.

Qu'après ça, le dossier de DSK eût plus relevé d'un non-lieu que d'un jugement, abrégeant son supplice de quelques mois, est une tout autre question. Disons juste que le justiciable Strauss-Kahn est un chanceux dans son genre : sa procédure a duré deux ans tout compris quand nombre de ses collègues, élus ou grands patrons, doivent attendre 5, 6, 10 ans avant d'être fixés sur leur sort.

La relaxe de DSK, ensuite, montrerait l'avidité de la justice à se saisir de quelques dérisoires bricoles pour se payer un ministre. Ce serait oublier, là, que les bricoles en question faisaient forte impression, y compris auprès des amis du ministre, pestant contre son comportement très « limite ». « L'intelligence ne protège pas », grinçait François Hollande en ajoutant que « le PS n'a rien à voir avec ce genre de méthodes ». DSK, d'ailleurs, reconnaissait avoir antidaté quelques lettres et factures pour régulariser après coup ses relations d'affaires avec la Mnef. Comme il a donné un coup de pouce au dossier Lagerfeld. Comme il a jonglé avec les dossiers dans un suspect mélange des genres : ministre de l'Industrie, puis avocat-conseil, puis ministre de l'Économie, il avait les mêmes grosses entreprises tantôt sous sa tutelle, tantôt pour clientes, et à nouveau sous son pouvoir d'arbitrage. La justice peut finalement n'y trouver rien de grave à redire, elle n'en était pas moins fondée à aller y voir de plus près.

La relaxe de DSK, enfin, démontrerait le gâchis que provoque l'intrusion des juges dans la politique. Car voilà, ces inconscients irresponsables ont privé pour rien la France d'un apprécié ministre des Finances, déséquilibré pour rien le gouvernement Jospin, provoqué pour rien une crise politique. Tout ça ! Naturellement, c'est tout faux.

Remarquons d'abord que Dominique Strauss-Kahn a démissionné de son poste le 2 novembre 1999, bien avant sa mise en examen intervenue plus d'un mois après. Ce qui n'était encore qu'une menace judiciaire ne l'obligeait en rien à cette décision. Au plus fort de la tourmente politique et médiatique, plusieurs poids lourds du gouvernement, d'ailleurs, étaient partisans de son maintien à Bercy : Jospin le premier qui s'essaya à l'en convaincre, mais aussi Claude Allègre, Hubert Védrine, Jean-Pierre Chevènement, Pierre Moscovici, Daniel Vaillant, Martine Aubry et encore Olivier Schrameck, le dir-cab de Jospin. Lui ne voulut rien entendre. C'était son choix, honorable d'ailleurs, sa liberté de choix, son appréciation au vu d'articles de presse, laquelle, entre parenthèse, peut trouver moralement ou politiquement scabreux des comportements, non punissables judiciairement soient-ils. Pas la moindre injonction, ni intrusion des juges là-dedans. Eût-il d'ailleurs démissionné après sa mise en examen qu'il n'y en aurait pas eu davantage.

Dans cette hypothèse, DSK aurait seulement été confronté à une cocasse invention connue sous le nom de «jurisprudence Balladur» [6]. En 1994, l'ancien Premier ministre décide en effet que ses ministres mis en examen – Alain Carignon, Michel Roussin et Gérard Longuet – doivent automatiquement démissionner [7]. La démarche paraît si noble, et moralement si pure, qu'elle est érigée

---

6. Avant lui, Pierre Bérégovoy avait déjà exigé le départ de Bernard Tapie, alors ministre de la Ville, parce qu'il était impliqué dans une affaire judiciaire.

7. Le premier sera condamné à de la prison. Le second bénéficiera d'un non-lieu. Le troisième sera relaxé dans l'affaire de sa villa tropézienne mais restait poursuivi dans celle du financement du PR.

en religion quasi-officielle. Lors de son premier conseil des ministres, le 20 mai 1995, le tout nouveau président Chirac l'épouse fermement : « Dans un esprit de rigueur et d'exemplarité, tout membre du gouvernement mis en examen devra démissionner immédiatement. » Soit. Les politiques ont bien le droit, s'ils le veulent, de s'imposer cette règle. Ils ont le droit de penser que la morale y trouve son compte, ou que l'opportunité politique l'exige, ou que leur posture médiatique y trouve avantage. Mais ils n'ont pas le droit, par un raccourci qui leur est habituel, de faire croire qu'un juge d'instruction a le pouvoir de destituer un ministre en le mettant en examen. En quoi, diable, y est-il pour quelque chose, le juge, dans cette jurisprudence Balladur ?

Le piège qui lui est tendu, quoiqu'il en soit, est diabolique. Admirez la manœuvre : dans un premier temps, les politiques, en se faisant obligation à eux-mêmes de démissionner s'ils sont mis en examen, donnent un pouvoir exorbitant aux juges qui n'ont rien demandé de tel. Malgré eux, de facto, les voilà impliqués dans la composition d'un gouvernement, en mesure d'influer sur la politique du pays. Ce n'est assurément pas leur rôle. Et l'on ne sait, d'ailleurs, si ce pouvoir qui leur est imposé les émoustille ou les inhibe – deux travers également détestables. De ces perversités, seuls les politiques sont responsables. Ce qui ne les empêche pas, deuxième volet de la manœuvre, de dénoncer ce qu'ils ont créé de toutes pièces, c'est-à-dire ce « gouvernement des juges » qui s'immiscerait factieusement dans les affaires publiques.

Le piège est quasi-parfait. Certes, il pêche par quelque bout. Ainsi, les mêmes politiques qui réclament haut et fort le respect de la présomption d'innocence sont les premiers à la bafouer. La mise en examen n'est déjà pas le meilleur signe d'honorabilité qui soit. On imagine que l'immédiate mise à mort ministérielle induite par la jurisprudence Balladur n'accrédite pas vraiment l'idée, auprès de l'opinion, que sa victime est exempte de tout reproche! Mais au diable cette fâcheuse contradiction!

Elle n'empêche pas le piège de fonctionner : les politiques ont donné aux juges une arme atomique pour mieux la retourner contre eux. Pour les déstabiliser, pour les rendre insupportables à la hauteur de leur pouvoir indû, pour les rendre odieux comme peuvent l'être des parvenus : mais qui sont-ils, ces juges, ces fonctionnaires imbus de leur toute puissance, pour avoir ainsi droit de vie ou de mort sur un élu de la République, ministre de surcroît? Qui sont-ils pour faire tomber un élu du peuple, porté par le peuple au pouvoir? On voit d'ici le message subliminal : c'est à la démocratie, au suffrage universel, à la souveraineté populaire que ces impudents s'en prennent, tous comptes faits... Pas mal joué.

Dans leur disque dur mental, les politiques n'acceptent pas une minute que la justice interfère avec leur carrière. Non, élus ils sont et n'ont de comptes à rendre qu'à leurs électeurs. Qu'on ne vienne pas leur parler de condamnation pénale ou d'inéligibilité, tout ça relève du seul rapport intime qui se noue et se joue dans les urnes. À elles, à elles seules, de jauger, de juger, de trancher. Voilà l'indignation qui saisit les politiques au vu d'un juge : la sanction électorale est seule légitime, le jugement populaire le seul trébuchet de leur honnêteté ou de leur responsabilité, le verdict démocratique le seul barrage acceptable à leur impunité.

« Le peuple jugera », « les électeurs distingueront le vrai du faux », c'est ce que l'on entend à chaque affaire – y compris dans la bouche de Jacques Chirac et de ses avocats. Une incongruité de plus : des électeurs transformés en jurés, c'est une assez jolie invention. Comme s'ils étaient faits pour ça, comme s'ils avaient même la connaissance des dossiers et les moyens d'en juger! Comme si une élection était faite pour ça! Non pas qu'une affaire n'influe en rien sur l'image d'un candidat et la décision des électeurs. Mais on croyait qu'une élection présidentielle ou législative relevait d'une autre logique, genre choisir un grand dessein ou dégager une majorité aux projets ambitieux, tout ce que l'on nous dit, quoi!

Du reste, si l'absolution par les urnes avait valeur de norme morale, ça se saurait. Les sondages, ces petites élections partielles, sont déjà éloquents. Regardez ceux publiés sur Chirac et son affaire des voyages. Un président qui se sert de fonds publics pour son bon plaisir privé, un président en outre mis en cause pour ses vacances de milliardaire, à mille années-lumière de la vie de ses compatriotes dont il s'affiche pourtant si proche, ça pouvait être ravageur. Nullement. Les Français s'affichent plus goguenards que critiques, impavides et peut-être blasés. Comme si, dans cette relation singulière qui unit les Français à leur président, à ce président-là, en tout cas, si sympathique et tout, se nichait une autre exception française, mélange de résidu monarchique qui met le roi hors norme et de ce cynisme grâce auquel les Français, revenus de tout, ne se formalisent pas de grand chose.

Dans le vrai du vrai des urnes, c'est pareil.

Dominique Strauss-Kahn s'est fait réélire, sans problème, député, bien avant que la justice le blanchisse. André Labarrère, malgré ses quatre mises en examen pour diffamation, usurpation de fonction, usage de faux et prise illégale d'intérêt, est passé comme une fleur, dès le premier tour, aux municipales de Pau pour un sixième mandat. Preuve qu'ils n'ont pas trop souffert de la présomption de culpabilité dont tout homme public mis en examen se plaint vertement.

Pire encore, des ripoux avérés, dûment confondus et dûment condamnés, eux, sont lavés par le bain lustral de la confirmation démocratique. À croire que les Français aiment bien leurs ripoux, dès lors que ce sont des « ripoux de proximité [8] ».

Christian Nucci, lui, n'a pas été condamné. Ministre de la Coopération de François Mitterrand jusqu'en mars 1986, il a juste été le héros d'une spectaculaire affaire. Ce digne représentant de la France, via l'association Carrefour du Développement sur laquelle lui et son chef de cabinet Yves Chalier avaient la haute main, détournait des fonds publics – 4,12 millions d'euros (27 millions

---

8. L'expression est de Sophie Coignard dans *Le rapport Omertà*, Albin Michel, février 2002

de francs). Pour ses bonnes œuvres politiques et ses petits à-côtés personnels. La Cour des Comptes, en 1993 l'a reconnu comptable de fait de près de 7,93 millions d'euros, soit 52 millions de francs. Le Conseil d'État, en 1995, a confirmé l'ampleur des dégâts : 51 897 786, 83 francs très précisément. Beaucoup d'efforts pour rien, si ce n'est quelques remboursements : l'excellent ministre a bénéficié de la loi d'amnistie spécial politiques du 15 janvier 1990. Bénéficié en outre de la main secourable de Laurent Fabius qui le prit dans son cabinet de la présidence de l'Assemblée nationale – au titre de l'homme exemplaire à ne pas suivre, sans doute. Et bénéficié enfin de toute la sympathie de ses électeurs qui l'ont réélu maire de Beaurepaire et conseiller général de l'Isère. La « justice » populaire, on le voit, a du bon.

C'est très exactement ce que pensent, à Levallois, Patrick Balkany, triomphalement élu maire aux municipales de mars 2001 malgré son passif judiciaire, ou, à Istres, dans les Bouches-du-Rhône, le socialiste François Bernardini, condamné pour abus de confiance après avoir détourné les fonds de deux associations paramunicipales et élu maire comme si de rien n'était.

Est-ce à cela qu'ils rêvent, nos politiques ? À cette absolution frelatée ? À blanchir par les urnes ce qu'une amnistie n'aura pu effacer ? Piteuse réplique à un changement d'époque. L'illégal, longtemps toléré dans les sphères politiques, ne l'est plus. C'est ainsi, et l'esprit civique, non plus que l'égalité des droits et devoirs et le bon sens lui-même n'y voient d'inconvénients.

Les politiques ont peur des juges ? On recommande aux réfractaires au droit commun, aux fervents de l'impunité, aux avocats de la singularité politique, tous habillés en chantres de la séparation des pouvoirs, en gardiens de la démocratie, en sourcilleux de la dignité de l'État, on recommande aux Gremetz, Chirac, Emmanuelli, Charasse, Hue, Longuet, Strauss-Kahn et tous les autres qui ont du mal à s'imaginer justiciables, on recommande une simple recette : n'avoir aucune raison d'avoir aucune peur.

On allait oublier une autre manière d'avoir peur des juges : celle, pour le coup, de n'avoir aucune indignation démocratique quand elle s'imposerait pourtant. Les 1er et 2 décembre, le syndicat de la magistrature (gauche) réuni en congrès dit tout le mal qu'il pense de certaines dispositions antiterroristes de la loi fraîchement votée dite « sur la sécurité quotidienne ». Pourquoi pas ? Mais il refuse carrément de les appliquer et appelle l'ensemble des magistrats à le suivre, ce qui laisse pantois. En voilà, une bonne occasion de s'indigner et de rappeler ces juges-là à leur mission qui est d'appliquer la loi, non de la faire, ni de la violer. Il faudra pourtant attendre une bonne semaine, et une question orale posée à l'Assemblée, pour que la ministre de la Justice Marylise Lebranchu consente enfin à trouver « inadmissible » cette prise de position. Ainsi vont les choses quand les choses ne vont plus...

La lanterne et le bâton

Peur d'un rien. Peur de tout. De leur peuple, de leur pouvoir, d'eux-mêmes et de leur ombre. Doutant de leur légitimité démocratique comme de leur autorité régalienne. Sans boussole et sans cap, malmenés, de l'extérieur, par une mondialisation qui les dépasse ou une Europe qui les dépossède, et, à l'intérieur, par une démocratie d'opinion qui les terrorise. Ayant oublié le b.a. ba du pouvoir : conserver, conforter ce qui marche, changer, réformer ce qui ne va pas, le reste – un supplément d'âme – étant donné par surcroît. Obsédés du pouvoir mais ne sachant plus ce qu'il est, ils occupent des places plus qu'ils n'exercent des fonctions. Décérébrés, ils vont, courent et volent, en canards ignorant encore qu'ils ont perdu la tête.

De leur fait . Par leur faute. Car il n'y a pas de fatalité à ce qu'ils gèrent à la petite semaine quand ils devraient gouverner, à ce qu'ils « gouvernancent » – un mot chic du managment gouvernemental qui veut dire « se laisser balloter » – au lieu de décider, à ce qu'ils réagissent plus qu'ils n'agissent.

Faut-il, encore une fois, faire un petit détour chez nos voisins pour mieux la caractériser, cette maladie du tempérament politique à la française, ces dénis, ces défausses, cette dilution du pouvoir ? Schröder qui réforme le système fiscal, chamboule le régime des retraites, rudoie les chômeurs qui s'installent dans l'assistanat (« Le droit à la paresse n'existe pas dans notre société »), s'affranchit de l'opinion de ses compatriotes pour engager son armée dans l'opération afghane. Blair qui impose, contre des syndicats « amis », un traitement de choc au système public d'enseignement britannique, Blair qui redéfinit les missions de l'État-providence (lequel « doit encourager le travail et non pas l'assis-tance »), qui brusque son peuple pour le convaincre d'adhérer à l'euro, qui engage une réforme du piteux système de santé national, au prix d'une augmentation d'impôts et au risque d'y perdre les prochaines élections. Aznar qui lance une réforme universitaire, à la colère de 350 000 manifestants dans les rues de Madrid, pour relever le niveau des facultés espagnoles.

Allez savoir si leur action est pertinente, leurs réformes adaptées, leurs méthodes adéquates. On ne juge ici que du caractère de ces hommes que n'effraient visiblement ni les tangages ni les dommages électoraux possibles. Ils gouvernent, s'occupent de ce qui ne va pas. Perdre une élection plutôt que ne pas faire ce qu'ils croient nécessaire.

Un autre monde mental. Vraiment démocratique, lui, où ils font, avec la majorité que leur ont donnée leurs concitoyens, ce pour quoi ils sont payés. Un monde où l'on n'est pas au pouvoir pour rire, ou simplement plaire. Où, même, il n'est pas interdit de penser que l'impopularité des réformes vous vaudra le respect de vos compatriotes. Après tout, la révolution libérale menée à pas forcés par Margareth Thatcher et son sauvage combat contre le carcan syndical qui asphyxiait la Grande-Bretagne ne l'empêchèrent pas d'être élue et réélue...

Obsédés de plaire, hypnotisés par les sondages, nos petits hommes s'imaginent-ils acheter par leur suivisme, leur opportunisme, leur clientélisme l'estime des Français? Croient-ils qu'on leur soit reconnaissant d'être à la remorque de l'opinion, des manifestations, des revendications? De payer à tout va – éleveurs bovins, hôpitaux, cliniques, policiers, gendarmes, convoyeurs, postiers, tout le monde et son père – le prix de leur calme, de la cessation de leur nuisance ou de leurs désordres? D'être de simples trésoriers-payeurs généraux gérant les choses de crise en crise sans avoir de maîtrise sur rien?

Il y a du mépris à croire qu'un peuple n'aime qu'à être acheté, cajolé et suivi dans tous ses penchants. Il y a du mépris dans cette soumission à l'opinion. Le manque de courage, en politique, c'est aussi un manque de respect au peuple que l'on dit gouverner. C'est renoncer à l'éclairer, c'est n'avoir pas l'ambition de le servir, c'est douter de son intelligence. De sa capacité à accepter – fût-ce en rechignant, fût-ce en protestant – des réformes qu'il sait utiles.

Et d'ailleurs, où en sommes-nous? Voit-on de quelque façon que les complaisances de nos politiques, que leur souci de ne rien faire pour mieux le faire plus tard, leur valent les hommages de tous? Ce n'est, au contraire, que désenchantement, résignation à ce qu'ils soient ce qu'ils sont, ironie, dérision et montée de l'abstention.

Et si les Français attendaient qu'un jour on finisse par leur parler plutôt que ne jamais en finir de les écouter? Par leur dire leurs trois ou quatre vérités, plutôt que les sonder ? C'est un pari ? C'en serait un, en effet. Trop risqué ? Jacques Delors et Raymond Barre, en leur temps, ont décroché de la politique pour l'avoir cru perdu. Ce qui est une forme de peur pour des hommes qui n'aiment pas composer sur les grandes affaires. Les autres, habités de peurs plus prosaïques, composent sans vergogne. La politique, avancent-ils, est l'espace du compromis. Ce qui est juste. Mais eux s'y vautrent jusqu'à la démission, prenant leur manque de courage pour marque de leur intelligence des situations. Composer pour ne pas s'exposer à la réplique qui tue : n'être pas élu, plus réélu. Se moquer de tout, sauf de ça. Conquérir le pouvoir, fût-ce pour le déserter.

On ne se souvient même plus d'une histoire qui aurait dû marquer les esprits et au fer rouge ses héros. C'était, en 1999, les élections européennes au Parlement de Strasbourg. Toutes les têtes de listes racontaient que rien n'était plus important, plus stratégique, plus exaltant que l'Europe, que c'était à Strasbourg que se jouaient vraiment l'avenir et l'intérêt de la France, et qu'ils seraient, eux, par leur présence et leur travail assidu, en première ligne de ce combat-là. Tu parles ! Quelques semaines après leur élection, Philippe de Villiers,

Nicolas Sarkozy, Robert Hue et François Hollande démissionnaient de Strasbourg sans y avoir mis les pieds pour conserver leur mandat de député national. Ou bien ils désertaient un lieu réellement important et faisaient bon marché des intérêts français. Ou bien, non, Strasbourg ne pesait pas lourd et ils avaient berné leurs électeurs en leur faisant croire le contraire. C'est dans les deux cas piteux : un choix boutiquier à la barbe d'électeurs transformés en gogos. Mais qui leur en veut vraiment de cette duperie ? Tout ça n'est pris au sérieux, ni par eux-mêmes, ni par personne. C'est la routine.

Voilà ce qu'ils ont fait de la politique : une histoire de faux-semblants pour un pouvoir en trompe-l'œil. Rien de sérieux, au fond. Un jeu nul dont personne n'est dupe, que ponctuent quelques rituels, les élections, où l'on fait croire qu'en dépend l'avenir de la France ; un match de catch où les spectateurs se moquent des comédiens qui eux-mêmes ne respectent pas les spectateurs.

On exagère ? Évidemment qu'on exagère. Évidemment qu'on est injuste. Évidemment que les politiques dont nous avons parlé ne méritent pas tous également le couperet d'un tel verdict. Qu'il y a sûrement dans le lot des hommes honnêtes, lucides, qui réfléchissent et sont amers de cette comédie du pouvoir. Mais d'où vient qu'aucun n'émerge, déterminé, volontaire et, allions-nous dire, presque désinvolte de son avenir électoral ? D'où vient que l'horizon politique d'aujourd'hui « soit saturé par d'innombrables rejetons métissés de Méline-Daladier-Mollet », pour citer Pierre-André Taguieff, philosophe et historien des idées [1], quand, à ses yeux, « l'être composite idéal serait un Clémenceau-Jaurès-de Gaulle ».

Il doit bien y avoir quelques solides raisons à cela. Sont-elles à chercher dans le recrutement de la classe politique, issue très majoritairement de la fonction publique ? De là naîtraient un état d'esprit dominant qui a, comme l'administration, l'éternité devant lui, une conscience feutrée des changements du monde, des réflexes amoindris. Mais si les politiques sont pour beaucoup fonctionnaires, n'est-ce pas parce que leur cessation d'activité – un pépin électoral – n'aurait qu'une conséquence limitée sur leur emploi et leurs revenus ? Et le problème viendrait alors de ce que n'existe pas réellement une égalité d'accès aux fonctions poliriques –

1. *Le Figaro Magazine* du 1er septembre 2001. Pierre-André Taguieff est l'auteur de *Résister au bougisme. Démocratie forte contre mondialisation techno-marchande*, collection Mille et une nuits, Fayard, septembre 2001.

pas de système financier, pas de passerelles assurant à l'élu non fonctionnaire une reconversion au lendemain de son échec. Oui, sans doute.

Mais, plus que tout cela, il nous semble que c'est dans le mental, une fois encore, qu'il faut chercher la cause de l'atonie de ce caractère sans lequel il n'est pas de vrai gouvernant. Dans cette idée ancrée que la politique au plus haut niveau n'est et ne peut être qu'une carrière. Et qu'une carrière, c'est long. Qu'il faut l'entretenir, la cajoler, la nourrir. Qu'il faut s'asservir à elle, s'y plier, respecter ses règles du jeu, la prudence, la rouerie, le compromis. Ne pas déplaire pour ne pas la briser. Il en est des hommes politiques comme des partis politiques selon Valéry : « Ils renient pour subsister ce qu'ils ont promis pour exister. » Tout ce qui différencie l'homme politique de l'homme d'État.

Et si la politique ne pouvait être courageuse, et si les hommes politiques ne pouvaient vraiment faire leur métier, que dans le cadre d'un CDD ? Et si la durée déterminée était la condition, pas suffisante ni forcément nécessaire, mais favorisante des responsabilités du pouvoir ? Est-ce un hasard si José Maria Aznar a, déjà, fixé un terme à sa fonction de Premier ministre espagnol ? Encore le fait-il volontairement, n'ayant apparemment peur ni du pouvoir, ni de le perdre, ni de s'en passer.

Faudrait-il donc en venir à limiter dans le temps le nombre de leurs mandats pour les obliger à les remplir vraiment ? À les affranchir, au terme d'un dernier mandat, de la sanction électorale pour qu'ils respectent les promesses qui leur ont valu leur élection et assurent enfin leur charge ? À les contraindre, en somme, à être plus courageux, juste un peu plus courageux ? Qui sait, après tout, s'il ne faut pas ces béquilles à nos politiques pour se tenir debout. Pour que leur ambition n'épuise leur force de caractère. Pour que leur esprit n'étouffe leur énergie. « Quand on a la lanterne de Diogène, écrit Chamfort, il faut en avoir le bâton. ».

Table

$\cdots$ SAGIM $\cdots$

Achevé d'imprimer en février 2002
sur rotative Variquik par l'imprimerie
SAGIM à Courtry (77)

Imprimé en France

Dépôt légal : février 2002
N° d'impression : 5678
ISBN. 2.7158.1398.8
935 482.5